Jürgen Richert

Performance Measurement in Supply Chains

Jürgen Richert

Performance Measurement in Supply Chains

Balanced Scorecard in Wertschöpfungsnetzwerken

GABLER

Bibliografische Information Der Deutschen Bibliothek
Die Deutsche Bibliothek verzeichnet diese Publikation in der Deutschen Nationalbibliografie;
detaillierte bibliografische Daten sind im Internet über <http://dnb.ddb.de> abrufbar.

1. Auflage 2006

Alle Rechte vorbehalten
© Betriebswirtschaftlicher Verlag Dr. Th. Gabler | GWV Fachverlage GmbH, Wiesbaden 2006

Lektorat: Ulrike M. Vetter

Der Gabler Verlag ist ein Unternehmen von Springer Science+Business Media.
www.gabler.de

Das Werk einschließlich aller seiner Teile ist urheberrechtlich geschützt. Jede Verwertung außerhalb der engen Grenzen des Urheberrechtsgesetzes ist ohne Zustimmung des Verlags unzulässig und strafbar. Das gilt insbesondere für Vervielfältigungen, Übersetzungen, Mikroverfilmungen und die Einspeicherung und Verarbeitung in elektronischen Systemen.

Die Wiedergabe von Gebrauchsnamen, Handelsnamen, Warenbezeichnungen usw. in diesem Werk berechtigt auch ohne besondere Kennzeichnung nicht zu der Annahme, dass solche Namen im Sinne der Warenzeichen- und Markenschutz-Gesetzgebung als frei zu betrachten wären und daher von jedermann benutzt werden dürften.

Umschlaggestaltung: Nina Faber de.sign, Wiesbaden
Druck und buchbinderische Verarbeitung: Wilhelm & Adam, Heusenstamm
Gedruckt auf säurefreiem und chlorfrei gebleichtem Papier
Printed in Germany

ISBN 3-8349-0183-0

Geleitwort

Supply Chain Management umfasst die Integration der Einheiten in einem Wertschöpfungsnetzwerk und die Koordination der Material-, Informations- und Werteflüsse in diesem Netzwerk mit dem Ziel, den Bedarf des Endkunden möglichst gut zu erfüllen und die Wettbewerbsfähigkeit der Supply Chain als Ganzes zu steigern. Doch wie gut gelingt die Steigerung der Wettbewerbsfähigkeit? Nach welcher Strategie arbeitet die Supply Chain? Welche Vorteile werden durch Supply Chain Management erreicht? Wie lassen sich die erreichten Vorteile messen? Diese Fragen stellen sich viele Firmen, die sich mit Supply Chain Management auseinander setzen.

Gerade in sich verschärfenden Wettbewerbssituationen auf globalen Märkten ist es wichtig, den Fokus vom Einzelunternehmen zur Wertschöpfungskette zu verschieben. Die Supply Chain als Bindeglied zwischen Unternehmen ist daher geeignet, die Güte des Material-, Informations- und Werteflusses auszudrücken.

Die Messbarkeit quantitativer Größen stellt bei der Bewertung verschiedener Supply Chains, aber auch alternativer Realisierungsmöglichkeiten einer Supply Chain die wesentliche Herausforderung dar, der sich Jürgen Richert in seinem Buch widmet.

Ein weit verbreitetes Hilfsmittel für die Formulierung von Strategien und für die Messung von Prozessleistungen stellt die Balanced Scorecard dar. Die Balanced Scorecard hat sich als Managementsystem etabliert, das klar definierte, messbare und kontrollierbare Steuerungsgrößen nach vier Perspektiven strukturiert: Finanzen, Kunden, Prozesse sowie Lernen und Entwicklung. Jürgen Richert wirft in seinem Buch die Frage auf, ob diese vier Perspektiven ausreichend sind, um die Strategie einer Supply Chain zu formulieren und die Leistung von Supply-Chain-Management-Prozessen zu erfassen. Basierend auf einer detaillierten Analyse der bekannten Arbeiten zu diesem Thema entwirft Jürgen Richert eine neue Methode, um Balanced Scorecards als Instrument zur Strategieimplementierung und Prozessoptimierung in Supply Chains einsetzen zu können. Besonders herauszuheben ist dabei die Verbindung zwischen den lokalen Strategien der Supply-Chain-Mitglieder und der Gesamtstrategie der Supply Chain über eine hierarchische Anordnung der lokalen Balanced Scorecards der Supply-Chain-Mitglieder mit der zentralen Balanced Scorecard für die gesamte Supply Chain. Abgerundet wird das Buch durch die Darstellung einer Industriefallstudie, in der das vorgeschlagene Konzept zur Anwendung kommt.

Im Rahmen des AKJ Automotive 2005 wurde die Arbeit prämiert. Der AKJ Automotive ist eine Gruppe von Experten und Führungskräften der Automobil- und Zulieferindustrie. Die Mitglieder arbeiten gemeinsam an der Weiterentwicklung von Konzepten und Lösungen für die Neugestaltung und Optimierung der Geschäftsprozesse und Strukturen in der Supply Chain bei Automobilherstellern, Automobilzulieferern und Dienstleistern. Die Arbeit von Jürgen Richert hat die Jury vor allem in folgenden Punkten überzeugt:

- Innovation in Bezug auf die gewählte Fragestellung
- Originalität im Anwendungsfeld „Supply Chain Management"
- Geschlossenheit/Gesamtsicht in der Beantwortung des Themas
- Praxisbezug bzw. mittelfristige Nutzung der Ergebnisse in der Praxis
- Entwicklungsmöglichkeit und Nachhaltigkeit der Ergebnisse

Das Buch wendet sich an alle Supply-Chain-Experten und Manager, die sich mit den Fragen der Strategieformulierung und Leistungsmessung in Supply Chains auseinander setzen. Die umfassende Darstellung und die innovative Erweiterung der Balanced-Scorecard-Methode auf das Supply Chain Management sind hilfreich für Praktiker, Berater, Studenten und Wissenschaftler. Wir wünschen dem Buch eine große Leserschaft, damit es zur Verbreitung eines systematischen Strategie- und Leistungsbegriffs für Supply Chains einen Beitrag leistet.

Prof. Dr. Peter Mattheis   Dr. Christoph Kilger

Fachhochschule Furtwangen   j&m Management Consulting AG

Vorwort

Was verschafft Unternehmen im 21. Jahrhundert einen nachhaltigen Wettbewerbsvorteil? Globalisierte Märkte und wissensbasierte Geschäftsmodelle führen zu einer immer stärkeren Vernetzung der Wertschöpfungskette. In diesem Umfeld sind stark integrierte Unternehmen und Industrie-Konglomerate nicht mehr flexibel genug. Gleichzeitig sind einfache Lieferant-Kunde-Beziehungen nicht mehr ausreichend, um auf ein sich schnell änderndes Umfeld zu reagieren. Supply Chain Management bietet ein Konzept zur Steuerung und Entwicklung von Prozessen und Strukturen unter diesen Bedingungen. Für einen nachhaltigen Erfolg wird es immer wichtiger werden, das Management von unternehmensübergreifenden Geschäftsprozessen einer zielgerichteten Strategie zu unterwerfen und deren Implementierung durch Ableitung geeigneter Leistungstreiber zu unterstützen.

Das vorliegende Buch adaptiert die Idee der Balanced Scorecard auf das Konzept des Supply Chain Managements. Beide Managementkonzepte sind bereits in den Alltag der Unternehmen integriert, jedoch ist der praktische Reifegrad noch längst nicht ausgereizt. Dieses Buch liefert einen umfassenden Einblick in die Thematik und umsetzbare Ideen für ein Supply Chain Performance Measurement.

Teil I des Buches zeigt die Struktur und Vorgehensweise auf und führt in grundlegende Begriffe und Definitionen ein. Teil II analysiert die Zusammenhänge von Performance Measurement und Supply Chain Management und liefert erste Erkenntnisse über Anforderungen von Supply Chain Management gegenüber einem Performance-Measurement-System. Des Weiteren werden in der Literatur vorhandene Ansätze beschrieben, diskutiert und bewertet. Teil III beinhaltet das Konzept der Supply Chain Balanced Scorecard und eine Industriefallstudie. Schwerpunkt des Konzeptes ist die Struktur der Balanced Scorecard auf der Supply-Chain-Ebene und die Integration dieser Balanced Scorecard mit den unternehmensinternen Controllingsystemen. Die Behandlung strategischer Fragestellungen sowie Abhängigkeiten zwischen unternehmensübergreifenden Prozessen ist ein wichtiger Bestandteil. Das Modell der Logistikkennlinien wird auf die Anforderungen des Supply Chain Managements angepasst. Anhand einer Fallstudie wird die Implementierung einer Supply Chain Balanced Scorecard bei einem High-Tech-Unternehmen illustriert.

Ich danke Professor Dr. Peter Mattheis von der Fachhochschule Furtwangen sowie Dr. Christoph Kilger von der j&m Management Consulting AG für die Unterstützung des Buchprojektes.

Jürgen Richert

Inhaltsverzeichnis

Geleitwort 5
Vorwort 7

Teil I Überblick und Zielsetzung 13

Einleitung 15
1. Ausgangssituation 15
2. Aufbau des Buches 17

Grundlagen 19
1. Supply Chain Management 19
1.1 Begriff 19
1.2 Ziele 22
1.3 Framework 23
2. Performance Measurement 26
2.1 Definition 26
2.2 Performance-Management-Modell 28
2.3 Trad. Kennzahlen- und Performance-Measurement-Systeme 29
2.4 Maßgrößen 30

Teil II Analyse und Evaluierung 33

Performance Measurement in Supply Chains 35
1. Erfolg in Supply Chains 35
1.1 Entscheidung über Erfolg 35
1.2 Beitrag zum Erfolg 37
2. Supply-Chain-Controlling als Handlungsrahmen 39
2.1 Begriff 39
2.2 Abgrenzung und Anforderung 40
2.3 Aufgaben und Instrumente 40

2.4 Selektive Kennzahlen ... 41
2.5 Supply Chain Operations Reference Model (SCOR) ... 43

3. Balanced Scorecard als Instrument ... 45
3.1 Gründe für die Balanced Scorecard ... 45
3.2 Struktur der Balanced Scorecard ... 46
3.3 Strategy Maps ... 48

Evaluierung existierender Konzepte ... 51

1. Anforderungen ... 51
1.1 Kritik an vorhandenen Anforderungen ... 52
1.2 Definition der Anforderungskategorien ... 53

2. Konzepte ... 59
2.1 Brewer und Speh ... 59
2.2 Daldrup, Lange und Schaefer ... 61
2.3 Erdmann ... 63
2.4 Otto ... 65
2.5 Stölzle, Heusler und Karrer ... 66
2.6 Weber ... 67
2.7 Werner ... 69
2.8 Zimmermann ... 70

3. Auswertung ... 72
3.1 Aufbau ... 72
3.2 Schlussfolgerung ... 74

Teil III Konzept und Fallstudie ... 75

Konzept der Supply Chain Balanced Scorecard ... 77

1. Grundlagen ... 77
1.1 Definition ... 77
1.2 Ziele und Aufgaben ... 78

2. Architektur ... 79
2.1 Scorecardintegration ... 79
2.2 Perspektivenstruktur ... 80
2.3 Strategiekarte ... 81

3. Perspektiven ... 82
3.1 Finanzperspektive ... 83
3.2 Kundenperspektive ... 86
3.3 Prozessperspektive ... 87

3.4 Kooperationsperspektive 89
3.5 Lern- und Entwicklungsperspektive 91
4. Key Performance Indicators 92
4.1 Ausgewogene Maßgrößen 92
4.2 Integrierte Maßgrößen 93
4.3 Standardisierte Maßgrößen 94
5. Kaskadierung 96
6. Ursache-Wirkungsketten 99
6.1 Problemstellung 100
6.2 Supply Chain Strategy Map 101
6.3 Einflussmatrizen 102
6.4 Kennlinien 104

Fallstudie **109**

1. Ist-Situation 109
1.1 Marktumfeld 109
1.2 Steuerungssystem 110
1.3 Kennlinienanalyse 111
2. Soll-Konzept 112
2.1 Strategie 113
2.2 Perspektiven und Ziele 113
2.3 Kaskadierung 115
2.4 Ursache-Wirkungsketten 115
2.5 Weitere Vorgehensweise 117

Schlussbetrachtung **119**

1. Zusammenfassung 119
2. Nutzenbetrachtung 121
3. Ausblick 122

Anmerkungen **125**

Literaturverzeichnis **133**

Abkürzungsverzeichnis **143**

Abbildungsverzeichnis **145**

Der Autor **147**

Teil I
Überblick und Zielsetzung

Einleitung

1. Ausgangssituation

Seit Beginn der Industrialisierung ist die Wirtschaft einem ständigen Wandel unterworfen. Die Entwicklung vom Verkäufer- zum Käufermarkt löste einen großen Anpassungsdruck aus. Einen weiteren großen Anpassungsdruck erzeugt die Globalisierung. Der Wettbewerb findet nicht mehr regional, sondern weltweit statt. Gleichzeitig wird die Fertigungstiefe drastisch verringert, um sich auf die Kernkompetenzen zu konzentrieren. Durch diese Konzentration geht Kontrolle verloren, d. h., Verbesserungspotenziale lassen sich nur noch innerhalb der jetzt schlankeren, rechtlich getrennten Einheiten realisieren. Funktionsbereiche arbeiten bereits effizient, einzelne Einheiten lassen sich nicht mehr optimieren. Wettbewerbsvorteile sind nur noch durch die Koordination dieser Einheiten zu erzielen, innerhalb des Unternehmens, vor allem aber unternehmensübergreifend, über die gesamte **Supply Chain**.[1] Die Tendenz zur unternehmensübergreifenden Zusammenarbeit wird sich in Zukunft verstärken.

„[…] leading-edge companies […] have realized that the real competition is not company against company but rather supply chain against supply chain."[2]

Die erzielbaren Vorteile der partnerschaftlichen Zusammenarbeit sind enorm. Eine aktuelle Studie[3] des Instituts für Supply Chain Management (ISCM) und von McKinsey, durchgeführt mit 40 der 74 größten Konsumgüterhersteller in Deutschland, zeigt die Unterschiede zwischen Best-Practice-Unternehmen und dem Durchschnitt auf, dargestellt in Abbildung 1. Logistikkosten, Fertigwarenbestand, Servicelevel und Lieferzeit sind bei Best-Practice-Unternehmen dramatisch besser. Nach der Studie des ISCM und McKinsey sind folgende **Erfolgsfaktoren** im Supply Chain Management (SCM) relevant:

- Supply-Chain-Kooperation
- Flexible Produktion
- Integrierte Supply-Chain-Organisation
- Segmentierungsstrategie
- Supply-Chain-Planung
- Supply-Chain-Controlling

Eine Studie vom Bundesverband für Materialwirtschaft[4] belegt: „Das *Controlling der Supply Chain* ist einer der Haupterfolgsfaktoren des SCM."[5] 36 % der Unternehmen sehen hier großen Handlungsbedarf. 90 % der befragten Unternehmen formulieren weder ihre Ziele im Supply Chain Management, noch messen sie ihre Erfolge durchgängig anhand von Kennzahlen.[6] Dies ist jedoch eine unbedingte Voraussetzung für erfolgreiches Supply Chain Management.[7]

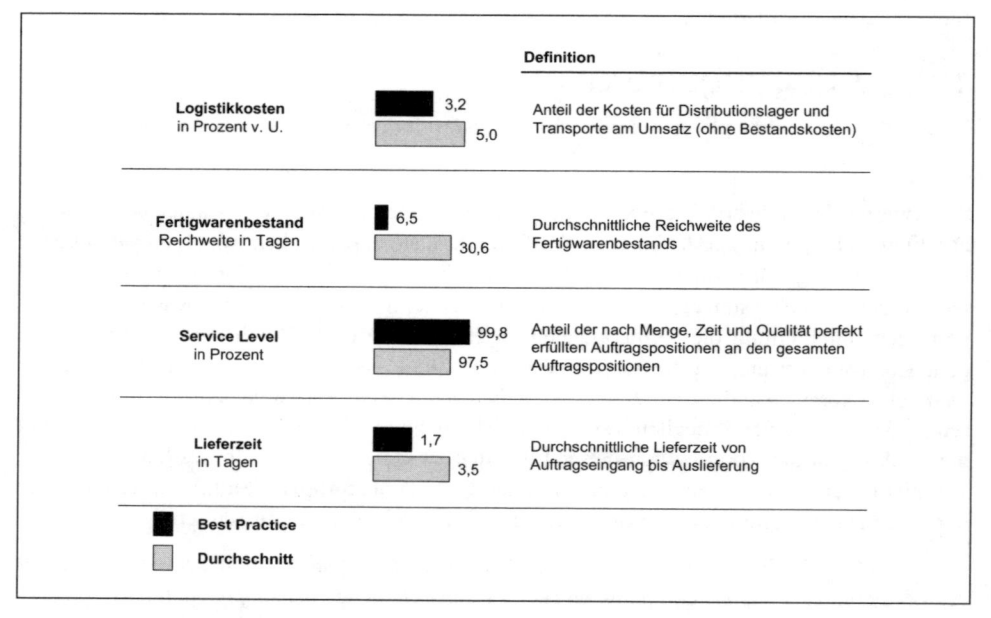

	Best Practice	Durchschnitt	Definition
Logistikkosten in Prozent v. U.	3,2	5,0	Anteil der Kosten für Distributionslager und Transporte am Umsatz (ohne Bestandskosten)
Fertigwarenbestand Reichweite in Tagen	6,5	30,6	Durchschnittliche Reichweite des Fertigwarenbestands
Service Level in Prozent	99,8	97,5	Anteil der nach Menge, Zeit und Qualität perfekt erfüllten Auftragspositionen an den gesamten Auftragspositionen
Lieferzeit in Tagen	1,7	3,5	Durchschnittliche Lieferzeit von Auftragseingang bis Auslieferung

Quelle: Großpietsch/Thonemann 2003, S. 35
Abbildung 1: *Supply Chain Performance von Best Practice und Durchschnitt*

„What you measure is what you get."[8] Dieses viel beanspruchte Zitat von Kaplan und Norton ist so einfach wie passend und hat eine klare Konsequenz: Wenn sich das Gemessene verbessert, besteht die Schwierigkeit darin, das zu Messende zu definieren. Diese Definition kann sich nur aus der Strategie ableiten. Die Balanced Scorecard (BSC) ist ein **Performance-Measurement-System**, welches ein Instrument zur **Strategieimplementierung** und Prozessoptimierung auf Basis der Strategie zur Verfügung stellt. Trotzdem sind unangepasste Systeme nur bedingt geeignet, die besonderen Anforderungen des Supply Chain Managements abzudecken. Traditionelle Kennzahlensysteme und Kennzahlen fokussieren sich auf die Erfolge einzelner Bereiche, diese sind jedoch nicht mehr das primäre Objekt des Supply Chain Managements. Primäres Objekt ist der Prozess. Das Aufbrechen dieser „functional silos"[9] führt zu neuen Anforderungen an Performance-Measurement-Systeme. Hier knüpft das Buch an und stellt **strukturelle Merkmale eines Performance-Measurement-Systems** auf Basis der Balanced Scorecard für **Supply Chain Management** vor.

2. Aufbau des Buches

Dieses Buch trägt zur konzeptionellen Erarbeitung einer Supply Chain Balanced Scorecard (SCBSC) bei. Es wird untersucht, inwieweit die Balanced Scorecard modifiziert werden muss, um den Anforderungen einer Supply Chain Management Umgebung gerecht zu werden und wie sie in die Unternehmen integriert werden kann. Die leitende Fragestellung lautet:

- Welcher Modifikation muss die Balanced Scorecard unterzogen werden, um als Instrument zur Strategieimplementierung und Prozessoptimierung bei Supply Chains eingesetzt werden zu können?

Diese Zielsetzung untergliedert sich in folgende Teilfragen:

- Welche Anforderungen werden an ein Performance-Measurement-System für Supply Chain Management gestellt?
- Welche Eigenschaften von Supply Chain Management beeinflussen die Konzeption?
- Warum eignet sich gerade die Balanced Scorecard?
- Welche Ansätze existieren bereits und wie sieht der aktuelle Handlungsbedarf aus?
- Welche konzeptionellen Unterschiede müssen erarbeitet werden, und wie kann ein Konzept für eine Supply Chain Balanced Scorecard aussehen? Diese Fragestellung konzentriert sich auf strukturelle Merkmale, um unternehmens- und branchenneutrale Ausdifferenzierungen zu ermöglichen.

Für das Buch wird der Aufbau aus Abbildung 2 gewählt. Diese Struktur dient der Beantwortung der leitenden Fragestellung aus Teil I. Das einleitende Kapitel erläutert die Problemstellung, definiert die Zielsetzung und stellt den Aufbau vor. In Kapitel 2 werden relevante theoretische Grundlagen des Supply Chain Management und Performance Measurement erläutert und ein gemeinsames begriffliches Verständnis geschaffen. Teil II analysiert die Besonderheiten von Performance Measurement in Supply Chains und stellt Methoden und Konzepte vor, die für die Konstruktion der Supply Chain Balanced Scorecard wichtig sind. Es wird die Frage geklärt, warum gerade die Balanced Scorecard als Instrument herangezogen wird. Anschließend werden Anforderungen an eine Supply Chain Balanced Scorecard hergeleitet und vorhandene Konzepte vorgestellt. In einem dritten Schritt werden diese Konzepte bewertet. Zum einen wird die Erfüllung der Anforderungen evaluiert, zum anderen wird untersucht, wie stark die einzelnen Anforderungen durch die Konzepte insgesamt bereits abgedeckt sind und welcher Handlungsbedarf sich ableiten lässt.

Basierend auf den Ergebnissen der Evaluierung und den Besonderheiten wird eine strukturelle Modifikation der Balanced Scorecard in Teil III erarbeitet. Dies umfasst die Perspektivenstruktur, die Anforderungen an Key Performance Indicators, die Kaskadierung sowie die Struktur von Ursache-Wirkungsketten. Informationen und Daten der Fallstudie stammen aus

Expertengesprächen eines europäischen High-Tech Unternehmens. Die Schlussbetrachtung fasst die Ergebnisse des Buches zusammen, betrachtet den Nutzen und wirft in einem Ausblick weitere Forschungsfragen auf, die noch zu beantworten sind.

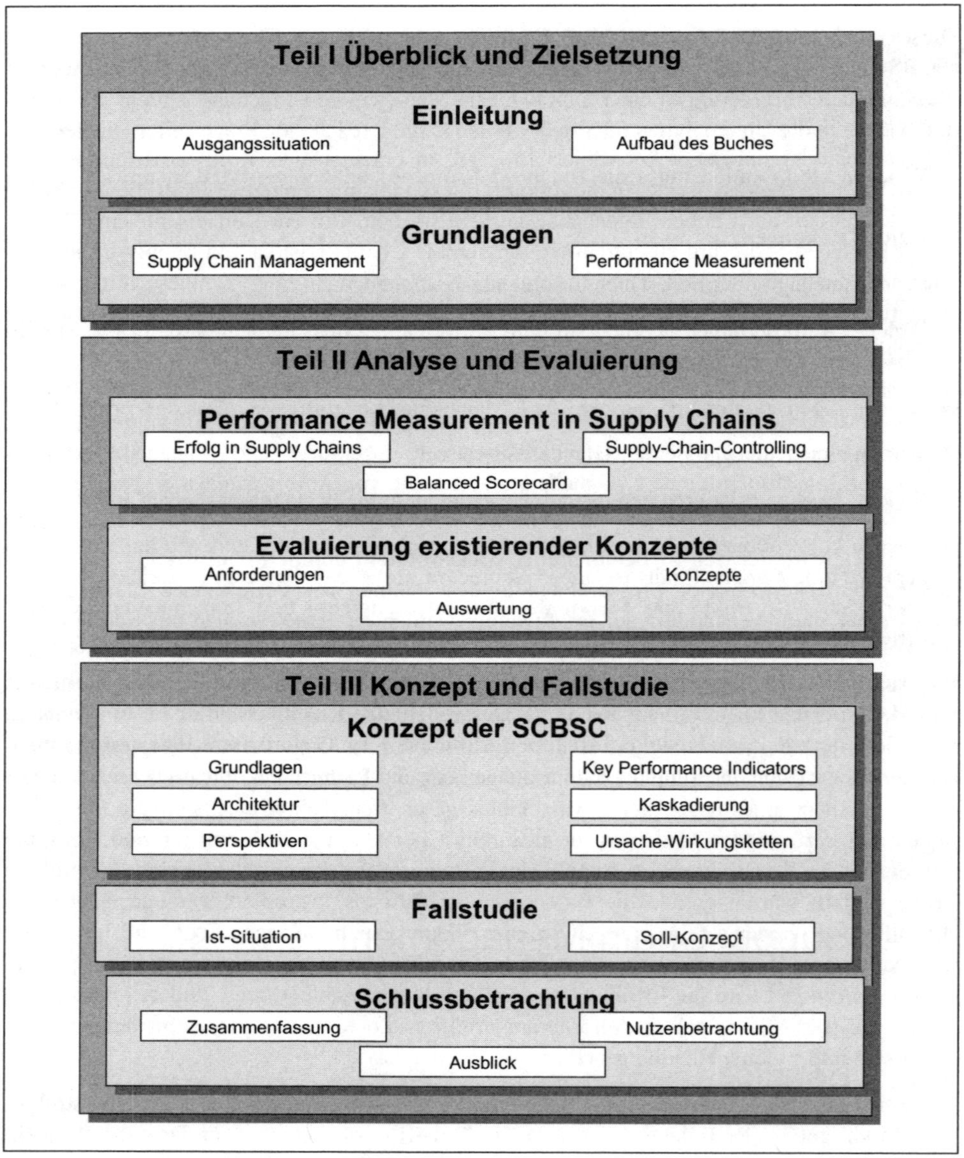

Abbildung 2: *Struktur des Buches*

Grundlagen

Supply Chain Management koordiniert Prozesse in einem neuen Wettbewerbsumfeld und schafft so Wettbewerbsvorteile. In die Zukunft blickend, kann in unternehmensübergreifender Zusammenarbeit nach hohen Potenzialen gesucht werden. Um ein Konzept für eine Supply Chain Balanced Scorecard zu erarbeiten, müssen die Charakteristika von Supply Chain Management analysiert werden. Diese Charakteristika können in einer Synthese mit den Anforderungen des Performance Measurements in einen neuen Kontext gebracht und daraus ein Konzept abgeleitet werden.

In Kapitel 1 wird **Supply Chain Management** definiert. Nach einer Darstellung der Supply-Chain-Ziele wird das Analyseframework von Cooper, Lambert und Pagh vorgestellt. Der Ansatz unterscheidet zwischen Geschäftsprozessen, Strukturen und Managementkomponenten und schafft damit eine Grundlage zur Ableitung von Anforderungen an Konzepte für Supply Chain Management.

In Kapitel 2 wird der Begriff **Performance Measurement** definiert. Um Irritationen zu vermeiden, wird Performance Measurement in den Rahmen des Performance Managements eingeordnet. Zum Verständnis der Entwicklung werden moderne Ansätze mit traditionellen verglichen. Der Schritt vom modernen Performance Measurement zum Supply-Chain-orientierten ist inhaltlich nicht sehr weit. Eine Definition und Analyse der Besonderheiten von Maßgrößen schafft ein Verständnis für gängige Begrifflichkeiten und deren Abgrenzung, besonders bezogen auf Key Performance Indicators. Key Performance Indicators werden später zur Operationalisierung der strategischen Ziele der Balanced Scorecard herangezogen.

1. Supply Chain Management

1.1 Begriff

Die vertikale Verknüpfung von Wertschöpfungsketten birgt Potenziale für Optimierungen und Ausdifferenzierungen von Wettbewerbsvorteilen.[10] Porter hat dies bereits früh erkannt und sein Konzept der Wertkette **über Unternehmensgrenzen hinweg** postuliert. Er prägte den Begriff „vertikale Verknüpfungen"[11]. Supply Chain Management führt diesen Gedanken konsequent fort. Die Praxis ist im Moment die treibende Kraft dieser Entwicklung: „Academia is following rather than leading business practice regarding SCM".[12] Diese Tatsache hat zu vielschichtigen Definitionen von Supply Chain Management geführt. Im Folgenden wird die für dieses Buch relevante Begrifflichkeit hergeleitet. Ursprünglich wurde der **Begriff** von den Beratern **Oliver und Webber** im Jahr 1982 geprägt[13]:

> „Supply-chain management covers the flow of goods from supplier through manufacturing and distribution chains to the end user."[14]

Die moderne Vorstellung von Oliver und Webber ist in Abbildung 3 zu sehen. Der Prozess wird vom Lieferanten durchgängig bis zum Endkunden gedacht. Oliver und Webber denken noch stark in logistischen Prozessen. Es zeichnet sich eine Entwicklung ab, alle Hauptgeschäftsprozesse **einem übergreifenden Management** zu unterstellen. Aufbauend auf der logistischen Sichtweise haben sich vier aufeinander aufbauende Denkschulen entwickelt:

- Die **Chain Awareness** School legt das Modell eines Materialflusses vom Rohstoff bis zum Endverbraucher zugrunde.
- Die **Linkage/Logistics** School betrachtet hauptsächlich die Beziehungen und Verbindungen zwischen den Funktionsbereichen mit einem starken Fokus auf Logistik- und Transportaufgaben.
- Die **Information** School betont den bidirektionalen Informationsfluss zwischen den beteiligten Supply-Chain-Partnern.
- Die **Integration** School betrachtet die Supply Chain aus einer Prozess- und Systemsicht.[15]

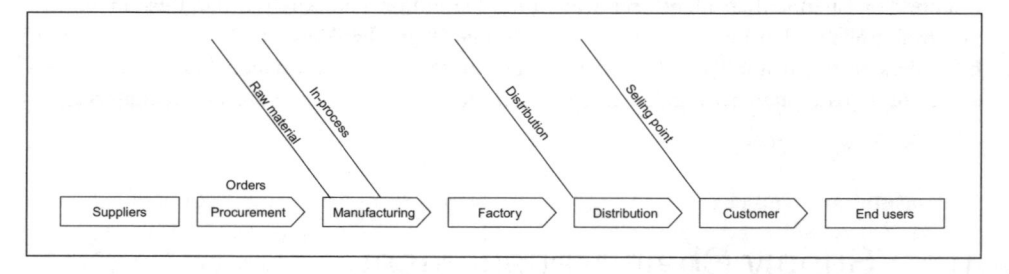

Quelle: Oliver/Webber 1992, S. 66
Abbildung 3: *Einflussbereich von SCM nach Oliver und Webber*

Einigkeit besteht bei der Vielzahl der Definitionen in folgenden Eigenschaften:

- Supply Chain Management ist ein generalistischer **Managementansatz** für Wertschöpfungsketten.
- Wesentlicher Bestandteil sind die **Beziehungen** zwischen den beteiligten Unternehmen vom Rohstofflieferanten bis zum Endkunden.

Grundlagen

- Jede Aktivität ist auf ihre Relevanz bezüglich ihrer Auswirkung auf den **Endkunden** zu prüfen.
- Aus dem Management der **Wertschöpfungskette** ergeben sich Vorteile, die sonst nicht erzielbar wären.
- Das Betrachtungsobjekt der **Ressourcenoptimierung** ist nicht das einzelne Unternehmen, sondern die gesamte Wertschöpfungskette.
- Supply Chain Management basiert auf dem **Prozessgedanken**. [16]

Die Ausrichtung auf den ultimativen Endkunden und die Betrachtung sämtlicher Geschäftsprozesse unterscheidet Supply Chain Management wesentlich von der Logistik.[17] Christopher versteht Supply Chain Management als

> „the management of upstream and downstream relationships with suppliers and customers to deliver superior customer value at less cost to the supply chain as a whole".[18]

Cooper, Lambert und Pagh sehen Supply Chain Management in einem ähnlichen Kontext, auch für sie steht die Integration im Vordergrund:

> „The integration of business processes across the supply chain is what we are calling supply chain management."[19]

Die Wissenschaft beginnt sich darauf zu einigen, Geschäftsprozesse aus dem Blickwinkel des Supply Chain Managements zu betrachten.[20] Ein Beispiel hierfür ist der Produktentwicklungsprozess. Er macht es erforderlich, dass Forschung & Entwicklung, Marketing, Einkauf, Vertrieb und Logistik zusammenarbeiten, um ein optimales Produkt zu entwerfen. Ein wesentlicher Wettbewerbsvorteil ergibt sich durch das Zusammenarbeiten von Händler, Hersteller und Zulieferer, welche durch eine gemeinsame Produktentwicklung die Time-to-Market beträchtlich verkürzen können.[21]

Dieses Buch betrachtet ausschließlich **logistische Prozesse**, da Marketing oder Produktentwicklung einer anderen Analyse unterworfen werden müssten. Weiterhin ist folgende Schlussfolgerung wichtig: Supply Chain Management muss **nicht zwingend unternehmensübergreifend** sein.[22] Ist Supply Chain Management unnötig bei stark vertikal integrierten Unternehmen oder Konzernen? Die Methoden des Supply Chain Managements wirken bei unkoordinierten abgegrenzten Einheiten, die sich in der gleichen Wertschöpfungskette befinden. Die rechtliche Selbstständigkeit ist nur von sekundärer Bedeutung. Das **interne Supply Chain Management** verbessert das Management der innerbetrieblichen Prozesse, der Prozesse zwischen mehreren Betriebsstandorten oder zwischen Unternehmen eines Konzerns. Das **externe Supply Chain Management** konzentriert sich auf die Verbesserung des Managements einer Wertschöpfungskette, welche mehrere unabhängige Unternehmen überspannt.[23] Die Unternehmen oder Organisationseinheiten, welche einer Supply Chain angehören, heißen Supply-Chain-Akteure.[24]

1.2 Ziele

Die Zieldefinition für Supply Chain Management muss zwischen Formal- und Sachzielen unterscheiden. Supply Chain Management generiert Wettbewerbsvorteile durch die Koordination der Prozesse. Aus der genannten Definition nach Christopher ergeben sich zwei Formalziele:

- Steigerung des Kundennutzens
- Verringerung der Kosten

Eine Erhöhung des Service-Niveaus bzw. des Nutzens für die Kunden richtet sich dabei nach den Anforderungen des Endkunden.[25]

Um diese Formalziele zu erreichen, werden folgende Sachziele verfolgt:

- Transparenz erhöhen
- Bestände reduzieren
- Durchlaufzeit senken
- Flexibilität steigern
- Produktivität erhöhen
- Auslastung verbessern[26]

Formal- und Sachziele stehen untereinander und zueinander in einem Spannungsverhältnis. Das Supply Chain Management muss Konzepte anbieten, diese Zielkonflikte zu harmonisieren.[27]

Beispielhaft sei hier das Postponement genannt, welches auf alle genannten Ziele positiv einwirkt. Die Idee besteht darin, „die Aktivitäten in der Lieferkette nachhaltig zu verzögern"[28]. Aufgrund einer kollaborativen Planung können Unternehmen die Kundenbedarfe frühzeitig und genau prognostizieren. Erst ab Auftragseingang werden die Produkte kundengerecht zusammengebaut (assemble-to-order) oder produziert (make-to-order). Dadurch verringern sich die Bestände entlang der Supply Chain, da keine Fertigwaren mehr auf Lager gehalten werden müssen. Gleichzeitig steigt die Flexibilität, da genau auf Kundenwunsch gefertigt wird. Auf diese Ziele ausgerichtet entwickeln sich unterschiedlichste Konzepte und Konfigurationen für Supply-Chain-Szenarien. Der nächste Abschnitt stellt ein Framework zur Einordnung und Bewertung vor.

1.3 Framework

Es werden Strukturen benötigt, um Supply Chains zu beschreiben, zu vergleichen und Unterschiede aufzuzeigen. Cooper, Lambert und Pagh haben das Framework erstmalig 1997 veröffentlicht und seither weiter entwickelt. Da es sich um einen sehr allgemeinen Ansatz handelt und auf den aktuellen Definitionen von Supply Chain Management aufbaut, ist es im Umfeld der Supply Chain Balanced Scorecard zur Beschreibung geeignet.[29] Das Framework versteht sich als **Analyserahmen**, welcher zum einen die Komponenten des Supply Chain Managements identifiziert und zum anderen eine gemeinsame Sprache schafft. Durch die Identifizierung und Beschreibung einzelner Komponenten ist es unterschiedlichen Unternehmen möglich, sich über potenzielle Verbesserungen in einer einheitlichen Sprache zu unterhalten, in einem einheitlichen Gedankengebäude zu denken.

Das Framework besteht aus drei Hauptelementen, welche in enger Beziehung zueinander stehen und zusammen die Supply-Chain-Management-Philosophie abbilden:

- Supply Chain Business Processes
- Supply Chain Management Components
- Supply Chain Network Structure[30]

Supply Chain Business Processes

Cooper, Lambert und Pagh stellen über die Art von Geschäftsprozessen fest:

> „Business processes are the activities that produce a specific output of value for the customer [...]. Supply chain business processes can cross intra- and interorganizational boundaries, independently of formal structure."[31]

Cooper, Lambert und Pagh identifizieren alle Geschäftsprozesse, aus welchen sich durch eine übergreifende Koordination Vorteile erzielen lassen, als Supply-Chain-relevant. Insofern bewegen sie sich vom logistikorientierten Ansatz weg und fassen Supply Chain Management sehr weit. Zur Bestimmung von **Standardprozessen** führen sie eine Literaturanalyse durch und bestimmen acht Hauptgeschäftsprozesse für Supply Chains, welche die Funktionsbereiche der Akteure miteinander verknüpfen. Abbildung 4 zeigt die Zusammenhänge und stellt folgende Prozesse dar:

- Customer Relationship Management
- Customer Service Management
- Demand Management
- Order Fulfillment
- Manufacturing Flow Management

- Supplier Relationship Management
- Product Development and Commercialization
- Returns Management[32]

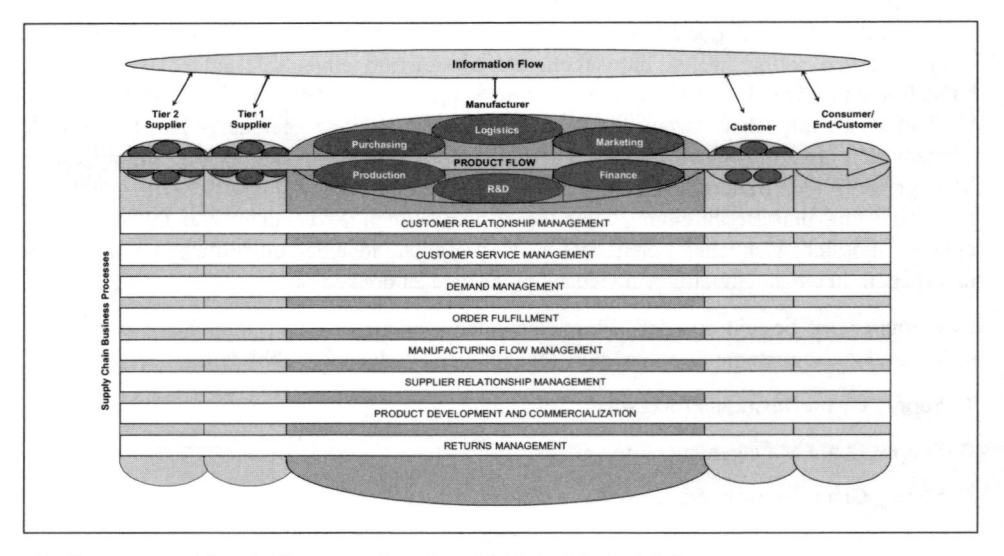

Quelle: Croxton/Garcia-Dastugue/Lambert 2001, S. 14. In Anlehnung an
Cooper/Lambert/Pagh 1998, S. 2
Abbildung 4: Integration und Management der Prozesse einer Supply Chain

Supply Chain Management Components

Die Managementkomponenten sind über alle Prozesse und Mitglieder der Supply Chain hinweg gleich. Sie sind der wichtigste Bestandteil, da sie die **Güte der Integration** bestimmen.[33] Die einzelnen Komponenten wurden durch Befragung von Managern und eine Auswertung der Literatur identifiziert.[34] Die Komponenten können den beiden Gruppen *Physical & Technical Management Components* und *Managerial & Behavioral Management Components* zugeordnet werden. Die erste Gruppe *Physical & Technical Management Components* beinhaltet greifbare, handfeste, messbare und einfach zu ändernde Komponenten.[35] Planungsmethoden, Organisationsstrukturen oder Kommunikationsstandards lassen sich relativ leicht standardisieren. Im Gegensatz hierzu steht die zweite Gruppe *Managerial & Behavioral Management Components*. Es handelt sich weder um greifbare noch um handfeste Komponenten. Sie sind schwer zu prüfen und zu messen und können nicht per Beschluss geändert werden. Die Unternehmenskultur ändert sich nicht von heute auf morgen, weil das Top-Management eine strategische Partnerschaft mit seinem Zulieferer eingeht; bis sich die Art der Zusammenarbeit zwischen Vertrieb und Einkauf von Zulieferer und Hersteller ändert, vergeht Zeit.

Supply Chain Network Structure

Jedes Unternehmen ist in eine Supply Chain eingebunden, welche vom Rohstoff bis zum ultimativen Endkunden reicht. Die Struktur dieser Wertschöpfungskette und die verbindenden Prozesse haben schon immer existiert. Supply Chain Management ist deswegen neu, weil es diese Prozesse und Strukturen integriert. Über die Supply Chain Structure kann innerhalb des Supply Chain Managements entschieden werden, welche Teile des Gesamtprozesses gesteuert werden sollen.[36] Dabei ist anzumerken, dass der Ausdruck *Supply Chain* stets das Bild einer Kette hervorruft, zusammengehalten durch sequenziell aufeinander folgende Glieder. Tatsächlich entspricht die Struktur mehr einem Netz als einer Kette. Kernler schlägt den Begriff *Supply Web* vor.[37] Abbildung 5 zeigt die Verknüpfungsarten einer Supply Chain auf und demonstriert gleichzeitig die netzartige Struktur. Man sieht, je nach Betrachtungsebene kann man tatsächlich zwischen einer Kette, einem Baum oder einem Netz unterscheiden.

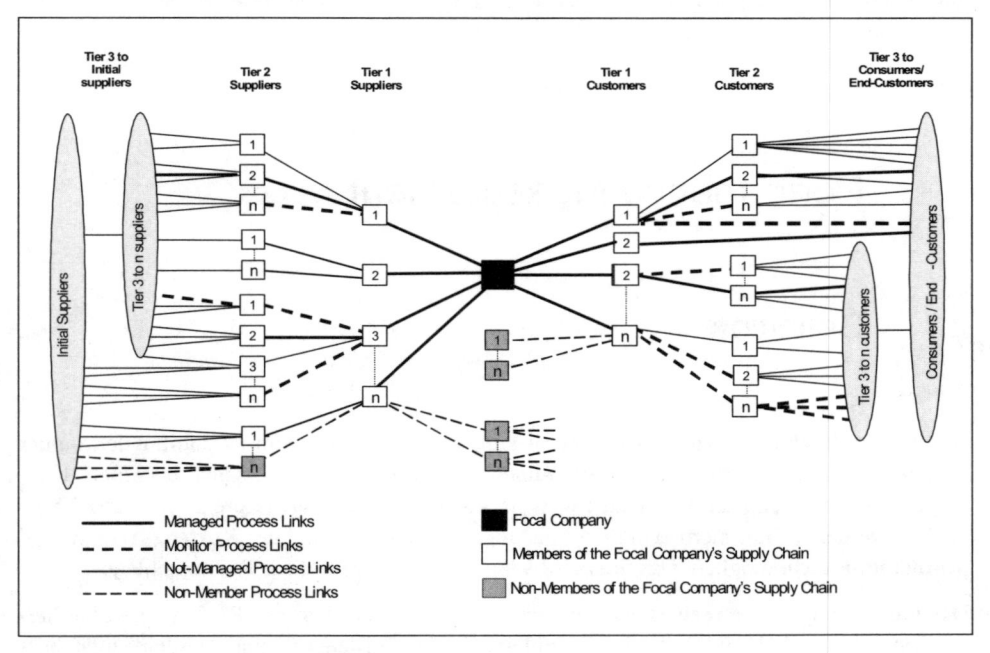

Quelle: Cooper/Lambert/Pagh 1998, S. 7
Abbildung 5: *Supply Chain Structure: die Verknüpfungsarten*

Die Supply-Chain-Struktur ist durch drei Merkmale bestimmt: die Art der Mitgliedschaften, die Merkmale der Strukturarten und die Art der Verknüpfungen.[38] Die Art der Mitgliedschaften unterscheidet zwischen Primary Members und Supportive Members. Primary Members tragen direkt zur Wertschöpfung der Supply Chain des betrachteten Unternehmens bei. Supportive Members unterstützen zwar die Prozesse, sind jedoch nicht direkt an der Wertschöpfung beteiligt.[39]

Die Merkmale der Strukturarten werden weiter unterteilt in die horizontale Struktur, die vertikale Struktur sowie die Position innerhalb der horizontalen Struktur. Die horizontale Struktur beschreibt die Anzahl und Art der Wertschöpfungsstufen. Die vertikale Struktur beschreibt die Art und Anzahl der Lieferanten und Kunden je Wertschöpfungsstufe. Die horizontale Position kann näher beim Rohstofflieferanten oder beim Endkunden liegen.[40]

Die Arten der Verknüpfungen sind Managed Process Links, Monitored Process Links, Not-Managed Process Links und Non-Member Process Links. Managed Process Links sind Verknüpfungen, die vom betrachteten Unternehmen direkt überwacht und gesteuert werden. Monitored Process Links werden zwar nicht direkt gesteuert, sie werden jedoch überwacht, z. B. in Form von Audits. Not-Managed Process Links sind Bestandteil der Supply Chain, werden jedoch nicht vom betrachteten Unternehmen beachtet. Ein Beispiel wäre die Hausbank des Vorlieferanten. Non-Member Process Links sind Verknüpfungen, die andere Partner mit anderen Unternehmen eingegangen sind und die keine Auswirkungen auf die Supply Chain haben.[41]

2. Performance Measurement

2.1 Definition

Das **interne Rechnungswesen** wurde notwendig, als Unternehmen im 19. Jahrhundert immer mehr Leistungen, die früher von Marktteilnehmern erbracht wurden, selbst erstellten. Leistungen, die über den Markt beschafft werden, können über den Marktpreis miteinander verglichen werden.[42] Bei intern erstellten Leistungen ist das aufgrund der **Kostenzurechnungsproblematik** nicht möglich. Das interne Rechnungswesen greift diese Problematik auf.

Das **moderne Performance Measurement** hat sich aus dem internen Rechnungswesen heraus entwickelt. Während sich Erfolg anfänglich durch Mengen- und Geldeinheiten ausdrückte, wird in modernen Systemen Erfolg durch einen **mehrdimensionalen Performancebegriff** definiert.[43] Dieser Begriff umfasst Leistung ebenso wie Leistungspotenziale, er umfasst die vergangene, die gegenwärtige und die zukünftige Leistung.[44] Da es für Performance keine adäquate Übersetzung ins Deutsche gibt, muss definiert werden, was darunter zu verstehen ist. Für dieses Buch gilt die Definition nach Bedrup, wonach sich Performance in den Dimensionen **Effektivität, Effizienz und der Fähigkeit zum Wandel** aufspannt.[45] D. h. eine erfolgreiche Unternehmung bzw. eine erfolgreiche Supply Chain ist strategisch richtig aufgestellt (Effectiveness), sie generiert ihren Output ressourcenoptimal (Efficiency) und besitzt die Fähigkeit, jederzeit auf Umweltänderungen zu reagieren (Changeability).

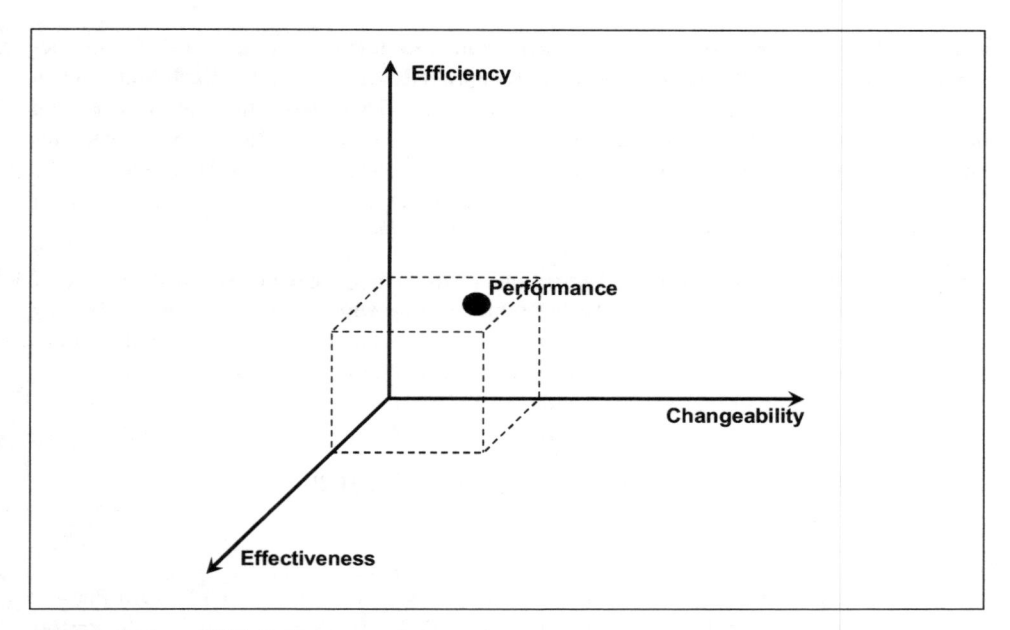

Quelle: Bedrup 1995, S. 85
Abbildung 6: Die drei Dimensionen der Performance nach Bedrup

Viele Werke bleiben eine Definition von Performance Measurement schuldig. Auch die viel beachteten Werke von Kaplan und Norton über die Balanced Scorecard definieren den eigenen Zweck ihres Instrumentes nicht hinreichend: den Erfolg.[46] Unter Performance Measurement

> „... wird der Aufbau und Einsatz meist mehrerer quantifizierbarer Maßgrößen verschiedenster Dimensionen (z. B. Kosten, Zeit, Qualität, Innovationsfähigkeit, Kundenzufriedenheit) verstanden, die zur Beurteilung der Effektivität und Effizienz der Leistung und Leistungspotentiale unterschiedlichster Objekte im Unternehmen (Organisationseinheiten unterschiedlichster Größe, Mitarbeiter, Prozesse) herangezogen werden".[47]

Die Aufgaben sind hierbei[48]:

- Nutzung nichtmonetärer Maßgrößen, um ein fortlaufendes, operatives Feedback zur Verfügung zu stellen.
- Änderung des Performance-Measurement-Systems bei Änderung der Anforderungen durch Unternehmen oder Umwelt.
- Unterstützung der Kostensteuerung, der Qualität und der kontinuierlichen Verbesserung.

Die Grundlage für die Einführung dieses neuen Performancebegriffs und der neuen Systemkonzeption ist die unzureichende Entscheidungsunterstützung finanzieller Kennzahlen und die unzureichende Unterstützung der Systeme und Instrumente. Der Erste, der die Problematik finanzieller Kennzahlen aggressiv ins Scheinwerferlicht stellte, war **Eccles** mit seinem Manifest in der Harvard Business Review von 1991.[49] Diskutiert wurde die Problematik jedoch schon früher von Johnson und Kaplan.[50] Es ist zu vermuten, dass Kaplan später aus dieser Idee heraus zusammen mit Norton die Balanced Scorecard entwickelt hat. Bereits 1987 war ersichtlich, dass die vorherrschenden Entscheidungsunterstützungssysteme nicht mehr ausreichend waren. So endet das Buch auch mit folgenden Worten:

> „Contemporary trends in competition, in technology, and in management demand major changes in the way organizations measure and manage costs and in the way they measure short- and long-term performance. Failure to make the modifications will inhibit the ability of firms to be effective and efficient global competitors."[51]

2.2 Performance-Management-Modell

Das Performance Management Model von Bedrup besteht aus drei grundlegenden Phasen, dargestellt in Abbildung 7: Performance Planning, Performance Improvement und Performance Review.[52] Ähnliche Unterscheidungen finden sich auch bei anderen Autoren.[53]

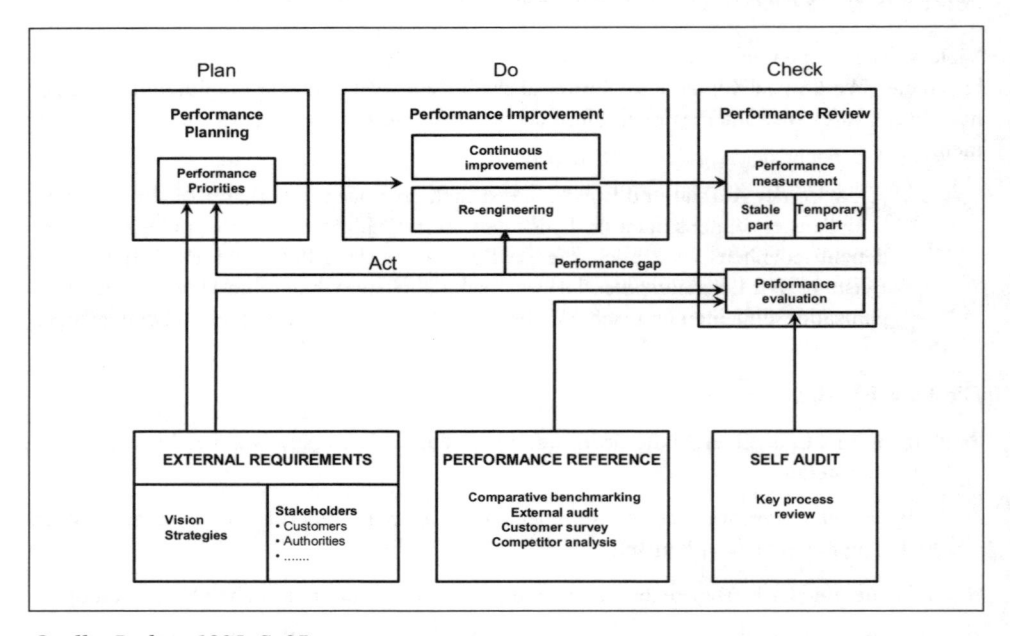

Quelle: Bedrup 1995, S. 87
Abbildung 7: *Das Performance-Management-Modell nach Bedrup*

Das Performance Planning umfasst das Formulieren der Unternehmensvision und Strategie sowie die Definition des Erfolges. Die Phase des Performance Improvements umfasst die Umsetzung dieser Strategie in das Unternehmen in Form von Business Process Reengineering oder kontinuierlichen Verbesserungsprogrammen. Performance Review wird schließlich benötigt, da die strategische Planung unter großen Unsicherheiten stattfand. Performance Review kann unterteilt werden in den Performance Measurement Process und die Performance Evaluation. Performance Measurement umfasst das Umsetzen der Strategie in messbare Größen zu Zwecken der Steuerung und der Kommunikation. Die Evaluierung benutzt den Input des Performance Measurements und stößt bei Veränderungen entweder eine neue Planungsrunde oder neue Verbesserungsprogramme im Rahmen der existierenden Strategie an.

2.3 Trad. Kennzahlen- und Performance-Measurement-Systeme

Performance-Measurement-Systeme unterscheiden sich wesentlich von traditionellen Kennzahlensystemen. Die Weiterentwicklung beruhte hauptsächlich auf den Schwächen von rein finanziellen Kennzahlen sowie der Vergangenheitsorientierung. Neely fasst die Problematik in einem Bild zusammen:

> „Picture trying to play a game of tennis by watching the scoreboard, rather than the ball and your opponent. It would be hopeless."[54]

Aus der Übersicht der Abbildung 8 wird deutlich, dass die Eigenschaften der Systeme der Änderung der Definition von Erfolg und Performance entsprechen. Während früher der Erfolgsbegriff finanziell geprägt war, setzt Erfolg heute viel früher an: bei den Treibern. Treiber des Erfolgs sind die Strategie und erfüllte Kundenbedürfnisse, so wie der Spiel gewinnende Treiber beim Tennis die Vorhand ist und nicht die Punktetafel. Moderne Performance-Measurement-Systeme messen nicht nur den finanziellen Erfolg, sondern die **Strategieimplementierung.** Es ist zwar nicht möglich die Güte der Strategie zu messen, die Umsetzung der Strategie in das operative Geschäft jedoch sehr wohl. Neben den Systemen haben sich aber auch die Messobjekte und Datengrundlagen geändert.[55]

Die klassischen Messobjekte in traditionellen Kennzahlensystemen waren:

- materielle Ressourcen: Maschinen, Gebäude, Lagerbestände usw.
- finanzielle Ressourcen: Barmittel, Forderungen, Verbindlichkeiten, Vermögen usw.

Moderne Messobjekte beinhalten:

- immaterielle Ressourcen: Patente, Marken, Humankapital, Kundenbindung usw.
- Prozesse: Beschaffung, Produktion, Vertrieb usw.

■ Unternehmensumfeld: Wettbewerber, Kunden, andere Stakeholder

Da sich Systeme und Messobjekte geändert haben, sind neue Instrumente nötig geworden, welche die neuen Anforderungen erfüllen. Diese Instrumente brauchen auch eine neue Form von Maßgrößen, die als **Indikatoren für zukünftige Erfolge** einsetzbar sind. Maßgrößen und ihre moderne Ausprägung werden im Folgenden aufgegriffen.

Traditional Measurement Systems	Performance-Measurement-Systems
Financial focus	Strategic focus
Financially driven (past focus)	Customer-driven (future focus)
Limited flexibility; one system serves both external and internal needs	Flexible, dedicated system for operational control
Not linked to operations strategy	Tracks concurrent strategies
Used to adjust financials	Catalyst for process improvement
Locally optimized	Systematically optimized
Decrease costs	Improve performance
Vertical reporting	Horizontal reporting
Fragmented	Integrated
Cost, output and quality viewed in isolation	Simultaneous Evaluation
Trade-offs unknown	Trade-offs adressed
Indivudal incentives	Group incentives
Individual learning	Organizational learning

Quelle: Bedrup 1995, S. 185
Abbildung 8:   *Traditionelle Kennzahlen- und Performance-Measurement-Systeme*

2.4   Maßgrößen

„A **measure** is a quantitative value that can be scaled and used for purposes of comparison."[56]

In dieser Definition von Simons kann der englische Begriff „comparison" sinngemäß Vergleich mit anderen (Benchmarking) bedeuten sowie Vergleich mit Zielen oder Planwerten.

Eine oft vorgenommene Unterscheidung zwischen **Kennzahlen** und Indikatoren[57] ist der Interpretationsbedarf.[58] Kennzahlen im engeren Sinne **verdichten** zahlenmäßig erfassbare Sachverhalte, um konzentrierte Informationen zu liefern, beispielsweise den Gesamtumsatz des Unternehmens. Indikatoren berichten über eine Realität, die sich nur schwer abbilden lässt.[59] Sie verdichten nicht, sondern geben eine zahlenmäßige Grundlage bei der Betrachtung von Ursache-Wirkungszusammenhängen.

> „Sie sind Ersatzgrößen, deren Ausprägung oder Veränderung den Schluss auf die Ausprägung und Veränderung einer anderen als wichtig erachteten Größe zulassen."[60]

Ein Beispiel wäre die Temperatur als Indikator für den zu erwartenden Umsatz mit Softeis. Oder um zum Tennisbeispiel zurückzukommen: die Anzahl der kumulierten Trainingsstunden im Vergleich zum Wettbewerber als Indikator für die Gewinnchancen. Indikatoren sind ein wesentlicher Bestandteil von Performance-Measurement-Systemen, da sie sich ja gerade durch einen starken Zukunftsbezug abgrenzen. Da Ergebnisse der Zukunft jedoch nicht gemessen werden können, müssen Indikatoren die zukünftige Entwicklung aufzeigen, so wie die aktuelle Temperatur den zukünftigen Verkauf oder die vergangenen Trainingsstunden den zukünftigen Sieg beeinflussen.

> „Als Key Performance Indicators (KPI) können Messgrößen einer Organisation, einer Organisationseinheit bzw. eines Prozesses bezeichnet werden, die Faktoren abbilden, welche für den gegenwärtigen oder zukünftigen Erfolg der Organisation von entscheidender Bedeutung sind."[61]

Der wesentliche Unterschied in der Definition von **Key Performance Indicators** im Gegensatz zu Indikatoren ist die Bedeutung für den Erfolg der Organisation. Bei Key Performance Indicators lässt sich weiterhin unterscheiden zwischen **Performance Drivers** und **Outcome Measures**.[62] Performance Driver (leading indicator) sind die Ergebnistreiber bzw. Frühindikatoren, Maßgrößen, welche direkt aus dem Prozess gewonnen werden. Die Outcome Measures (lagging indicator) sind die jeweiligen Ergebnisgrößen bzw. Spätindikatoren eines Prozesses. Die Ausschussrate ist ein Performance Driver des Produktionsprozesses, die Stückkosten wären ein Outcome Measure.

> „Performance drivers are variables that either (1) influence the probability of successfully implementing the strategy (an effectiveness criterion) or (2) provide the largest potential for marginal gain over time (an efficiency criterion)."

Folgende Begriffe sind bei dieser Definition besonders zu beachten: „influence" und „potential". Sie bedeuten, dass es sich hier nicht um Ergebniskennzahlen, sondern um befähigende Maßgrößen handelt. Ein gutes System hat einen ausgewogenen Anteil an Performance Driver und Outcome Measures. Stimmen die Ergebniskennzahlen mit den durch die Performance Driver angeregten Erwartungen überein, sind die Hypothesen über Ursache-Wirkungsbeziehungen der betrachteten Strategie korrekt. Klingebiel gibt folgende Gestaltungsempfehlungen[63]:

- Entwicklung spezifischer, beeinflussbarer Leistungsbereiche für die Geschäftseinheiten, anstatt übergreifender monetärer Maßgrößen.
- Verknüpfung kurzfristiger und langfristiger Maßgrößen.
- Verknüpfung monetärer und nichtmonetärer Maßgrößen.
- Auswahl von Frühindikatoren als Schwerpunkt.

Teil II
Analyse und Evaluierung

Performance Measurement in Supply Chains

In diesem Kapitel werden Merkmale und Anforderungen des Performance Measurements in Supply Chain Szenarien beschrieben. Dies ist die Grundlage für die Evaluierung. Kapitel 1 untersucht den Erfolgsbegriff für Supply Chain Management. Kapitel 2 untersucht Instrumente und Eigenschaften des Supply-Chain-Controllings. Kapitel 3 stellt die Balanced Scorecard vor und analysiert Gründe für ihre Wahl als Instrument des Performance Measurements im Supply Chain Management.

1. Erfolg in Supply Chains

1.1 Entscheidung über Erfolg

Um zu entscheiden, ob Supply Chain Management erfolgreich ist oder nicht und welche Faktoren den Erfolg wie beeinflussen, muss Klarheit über die Erfolgskriterien von Supply Chain Management bestehen.

Erfolgsdiskussionen stützen sich auf Abwägungen zwischen Effizienz- und Effektivitätszielen. Hierfür sind zunächst Effizienz und Effektivität zu definieren. Ahn und Dyckhoff haben vorhandene Definitionen innerhalb des Controllings analysiert und geben folgende Definitionen vor:

> „Eine Handlung heißt *effektiv* in *Bezug auf einen bestimmten Zweck,* wenn sie die Zustandsveränderung bewirkt, mit der dieser Zweck erfüllt wird. [...] Eine Handlung heißt *effizient* [...], wenn sie eine Zustandsveränderung bewirkt, die bei Wahl einer anderen Handlungsalternative aus der Teilmenge im Hinblick auf keines der im Einzelfall ausgewählten Ziele eine Verbesserung erlaubt, ohne gleichzeitig bei einem anderen der ausgewählten Ziele zu einer Verschlechterung zu führen"[64]

Eine Bewertung der Effektivität von Supply Chain Management wird erst möglich, wenn zuvor ein Zweck postuliert wurde, gegen den die Zweckerreichung geprüft werden kann. Beim Fußball würde man sagen: Um zu gewinnen, braucht man einen guten Sturm, um nicht zu verlieren eine gute Verteidigung. Je nach aktueller Zielsetzung ist eine der beiden Strategien effektiv. Effizienz hingegen fragt nach der optimalen Auswahl der Mittel im Bezug auf eine vorgegebene Zustandsveränderung. Wenn der Trainer entschieden hat, einen starken Sturm aufzubauen, hat er mehrere Möglichkeiten, dieses Ziel zu erreichen. Er kann sich die neuen Stürmerstars selbst ausbilden, er kann einen Stürmer aus einem Top-Team abkaufen oder er kann ein unbekanntes Talent entdecken. Sofern die begleitenden Ziele Geld und Fristigkeit sind, so ist das Finden eines unbekannten Talentes bestimmt der effizienteste Weg.

Was ist der Zweck von Supply Chain Management und was sind die Ziele? Diese Fragen können nur im Kontext einer praktischen Problemstellung erörtert werden. Es gibt schon für Einzelunternehmen keine Erkenntnis über einen **allgemein gültigen Unternehmenszweck**.[65] Zwar gilt es als gesichert, dass jedes Unternehmen ein Liquiditätsziel verfolgt, aber auch dies ist nur eine notwendige, keine hinreichende Bedingung. Schon Gewinn muss nicht unbedingt der Zweck einer Unternehmung sein. Letztendlich hat jedes Unternehmen sein individuelles Set an Werten und Zielen. Die Spannungsverhältnisse aus unterschiedlichen Zielsystemen wachsen in Kooperationsnetzwerken maximal quadratisch mit der Anzahl der Mitglieder und der Anzahl der Ziele. Beispiel: fünf Mitglieder mit jeweils zwei Zielen, alle Ziele befinden sich in einem Konflikt. Dies bedeutet, es existieren 80 Zielkonflikte.[66]

> „Wenn Performance-Measurement-Systeme ausgehend von der oberen Managementebene eine verbesserte Verhaltensorientierung der Mitarbeiter leisten sollen, ist eine kritische, intensive Auseinandersetzung mit den jeweiligen strategischen Zielsetzungen unabdingbare Eingangs-Voraussetzung."[67]

Auch bei der Bestimmung der Effizienz, der Auswahl der jeweils optimalen Handlungsalternative, kann es keine allgemeine Antwort geben, nach welchen Maßstäben gerechnet werden muss. Die Erfolgsfaktorenforschung, welche sich mit der Suche nach erfolgsversprechenden Handlungsmustern beschäftigt, konnte bisher keine durchdringenden Erfolge erzielen.[68]

Für Performance-Measurement-Systeme bedeutet dies, dass sie nur dann sinnvoll und zweckmäßig sind, wenn Erfolg an zuvor gemeinsam definierten Maßstäben gemessen werden kann. Das heißt, Performance-Measurement-Systeme können Erfolg nicht definieren, dies muss im Rahmen des strategischen Planungsprozesses geschehen. Performance-Measurement-Systeme helfen, die Ursache-Wirkungsbeziehungen von Zielen aufzudecken. Sie helfen geeignete Indikatoren zu finden, mit denen sich der Erfolg messen lässt, und sie helfen aus diesen Ergebnissen Rückschlüsse zu gewinnen, die die zukünftige Entscheidungsfindung unterstützen.

1.2 Beitrag zum Erfolg

In Anlehnung an Otto können folgende Hypothesen aufgestellt werden:

A. Supply Chain Management erhöht den Wettbewerbsvorteil.
B. Performance Measurement verbessert Supply Chain Management. [69]

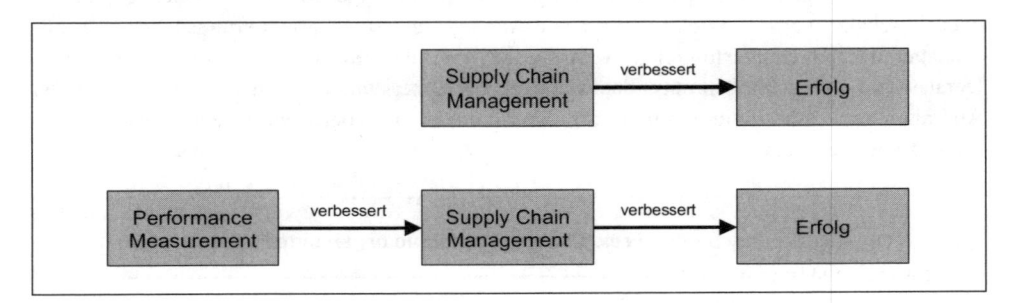

Quelle: In Anlehnung an Otto 2002, S. 1
Abbildung 9:   *Wirkzusammenhang zwischen Performance Measurement und Erfolg*

Die Bedingungen A und B sind hinreichende Bedingungen. Ein effektives Performance-Measurement-System verbessert Supply Chain Management und macht die Supply Chain erfolgreicher. Es stellt sich die Frage, wie Performance Measurement das Supply Chain Management verbessern kann. Performance Measurement verbessert Supply Chain Management durch einen besseren Ressourceneinsatz, einen höheren Return on Management sowie eine bessere Sichtbarkeit.

Optimierter Ressourceneinsatz

Optimierter Ressourceneinsatz innerhalb der primären Aktivitäten der Wertschöpfungskette wird nicht nur durch ein Performance-Measurement-System erreicht, jedoch wesentlich unterstützt. Nur die Zielvorgaben, deren Überwachung sowie die Ergründung von Ursache-Wirkungszusammenhängen ermöglichen die Umsetzung moderner Konzepte. In diesem Fall ermöglicht ein Performance-Measurement-System, Supply Chain Management effektiv umzusetzen. Eines der Grundprobleme des Managements im heutigen Zeitalter ist die geringe Zeit zur Verarbeitung komplexer Informationen und der Entscheidungsfindung zwischen immer mehr Handlungsalternativen. Der begrenzende Faktor des Wirtschaftens kann in der knappen Verfügbarkeit der Aufmerksamkeit von Managern gesehen werden.[70] Aufmerksamkeit wird zu einem immer größeren Faktor; erste Ansätze versuchen bereits, eine Theorie der Ökonomie auf der Knappheit der Aufmerksamkeit aufzubauen.[71] Bei dieser Theorie ist die Aufmerksamkeit die knappe Ressource, die über Angebot und Nachfrage beeinflusst wird und für die ein Preis existiert.

Return on Management

Ein wesentlicher Beitrag eines Performance-Measurement-Systems zum Erfolg einer Supply Chain ist die in Menge bewertete Aufmerksamkeit des Managements, welche durch den Einsatz des Systems freigesetzt wurde.[72] Die zusätzliche Zeit, die das Management durch den effektiven Einsatz eines Performance-Measurement-Systems hinzugewinnt, kann nutzbringend zur weiteren Optimierung der Prozesse eingesetzt werden. Ein theoretischer Ansatz zur Messung dieser Managementeffizienz ist der von Dávila und Simons entwickelte Ansatz des Return on Management. Der Return on Management ist keine messbare Größe, er kann jedoch geschätzt werden. Wichtig sind seine Aussage und seine orientierungsgebende Kraft. Manager arbeiten dann erfolgreich, wenn sie sich auf die **wichtigen Aufgaben** konzentrieren. Daraus lässt sich schließen, dass das Management Unterstützung braucht, um die richtigen Aufgaben zu identifizieren und zu kommunizieren. Hier wirkt ein Performance-Measurement-System.

$$\text{Return on Management} = \frac{\text{Freigesetzte produktive organisatorische Energie}}{\text{Investierte Zeit und Aufmerksamkeit des Managements}}$$

Quelle: Dávila/Simons 1998, S. 72
Abbildung 10: Return on Management

Bessere Sichtbarkeit

Das Gefängnis des Rechnungswesens sind die Grenzen des Unternehmens. Beschaffungsseitig anfallende Kosten fließen in die Anschaffungskosten ein, kundenseitige Kosten fließen in die Vertriebs- oder Verwaltungskosten der klassischen Kostenrechnung.[73] Durch diese Verrechnungsstandards wird eine übergreifende Optimierung verhindert. Das Problem entsteht durch Schnittstellen – z. B. in Form von Rechnungen – und kann durch Integration gelöst werden. Oliver und Webber sagen hierzu: „Integration, not simply interface, is the key."[74] Auf einer operativen Ebene kann dies durch eine übergreifende Prozesskostenrechnung, das Supply Chain Costing, geschehen.[75] Auf Management-Ebene trägt ein Supply Chain Performance Measurement dazu bei, Potenziale über die gesamte Wertschöpfungskette zu erschließen. Kennt der Hersteller die Distributionsprozesse des Großhändlers, kann er beispielsweise seine eigene Kommissionierung ändern, um dem Großhändler Zeitersparnisse zu ermöglichen. Das Performance-Measurement-System muss diese Effekte sichtbar machen, um eine Verrechnung der Einsparungen zwischen Großhändler und Hersteller zu ermöglichen. „Thus, all functions or business processes need some level of upstream and/or downstream coordination and visibility."[76]

2. Supply-Chain-Controlling als Handlungsrahmen

2.1 Begriff

Aufgrund der immer stärkeren Relevanz des Wettbewerbs der Wertschöpfungsnetzwerke im Vergleich zum Wettbewerb der Unternehmen muss sich auch eine Controllingkonzeption vom unternehmensinternen Fokus lösen und unternehmensübergreifend ausgerichtet werden.[77]

Als Subsystem des Führungssystems ist Supply-Chain-Controlling mehr als ein Instrument zur Kostensteuerung. Supply-Chain-Controlling versteht sich als „Steuerungsfunktion innerhalb der gesamten Supply Chain"[78]. Die Kernaufgaben eines Supply-Chain-Controllings sind:

- Schaffung einer einheitlichen Kommunikationsbasis
- ein wertschöpfungsstufenübergreifendes Bestands- und Kapazitätsmanagement
- eine unternehmensübergreifende Prozessorganisation
- die Bereitstellung von Informationen zur Leistungsbewertung der einzelnen Netzwerkpartner sowie der gesamten Supply Chain[79]

Ein allgemein akzeptiertes Verständnis von Supply-Chain-Controlling hat sich in der Theorie noch nicht etabliert.[80] In Anlehnung an Bacher, Groll und Weber[81] wird die folgende Definition von Zimmermann übernommen:

> „Unter Supply-Chain-Controlling ist die Gesamtheit der Aufgaben zu verstehen, welche die Sicherstellung der Informationsversorgung und die Koordination der Supply-Chain-Führung zur optimalen Erreichung aller Ziele der Wertschöpfungskette zum Gegenstand haben."[82]

Die Definition reiht sich konsequent in das bereits vorgestellte Gedankengebäude ein, indem sie die Zielerreichung in den Mittelpunkt rückt. Die Definition schließt sich der vorgestellten Erfolgs- und Effizienzdefinition an und stellt klar: Supply-Chain-Controlling ist Rationalitätssicherung und agiert deswegen als Instrument, welches eine Zielerreichung unterstützt.[83] Es ist ein Instrument der Effizienz und keines der Effektivität. In diesem Modell kann Controlling Fehlentwicklungen aufdecken, jedoch nur in Effizienzfragen Verbesserungsvorschläge unterbreiten. Entscheidungen der Effektivität sind strategischer Natur, finden unter großer Unsicherheit statt und sind damit nur begrenzt für Rationalität zugänglich.

2.2 Abgrenzung und Anforderung

Noch 1995 bezeichnete Weber – als einer der Vorreiter auf dem Gebiet des Logistik-Controllings im deutschsprachigen Raum – Logistik-Controlling als „ein spezielles Bereichscontrolling"[84]. Anschließend entwickelte Weber die **Idee der Entwicklungsstufen,** wonach sich die Logistik der Unternehmen auf unterschiedlichen Entwicklungsstufen befinden kann. Die Entwicklungsstufen reichen von der Betrachtung der „Logistik als material- und warenflussbezogene Dienstleistungsfunktion"[85] bis hin zur „Logistik als unternehmensübergreifende Flussorientierung (Supply Chain Management)"[86].

Einhergehend mit dieser Entwicklung sieht Weber vier Stufen des Logistik-Controllings: das Transport-/Umschlag-/Lagercontrolling (TUL-Controlling), das koordinationsbezogene Logistik-Controlling, das flussbezogene Logistik-Controlling sowie das Supply-Chain-Controlling. Die jeweiligen Entwicklungsstufen beinhalten jeweils die Aufgaben und Zielsetzungen ihrer Vorgänger und erweitern diese um neue Bestandteile. Das Supply-Chain-Controlling erweitert den Blickwinkel auf die gesamte Wertschöpfungskette.[87]

Die einschneidenden Änderungen der Controllingkonzeption sind die Berücksichtigung unterschiedlicher Unternehmensstrategien sowie der Wandel vom Effizienz- zum Effektivitätsdenken. Die Unternehmensstrategien müssen dabei so aufeinander abgestimmt sein, dass sie sich in der Schnittmenge Supply Chain Management komplementär ergänzen.[88] Des Weiteren wird die Konzeption um eine gesamtstrategische Perspektive ergänzt und bekommt somit eine eigene Gestaltungsaufgabe zugeschrieben, anstatt lediglich Kosten zu optimieren.

Eine Implementierung von Supply-Chain-Controlling birgt große Herausforderungen:

- Eine übergreifende, synchronisierte Supply-Chain-Management-Strategie ist erforderlich.
- Eine übergreifende, kompatible Prozesskostenrechnung muss eingeführt werden.
- Eine einheitliche Datenbasis ist unbedingte Voraussetzung.
- Organisatorische Zuständigkeiten müssen geklärt werden.

2.3 Aufgaben und Instrumente

Insgesamt sind die Aufgaben und Instrumente des Supply-Chain-Controllings noch nicht stringent definiert. Kummer und Weber definieren jeweils ein Instrumenten-Set, um die Ziele des Supply-Chain-Controllings zu erreichen. Ihnen gemein ist die Analyse und Modellierung der Supply Chain als Grundlage und die Balanced Scorecard als Steuerungsinstrument auf höchster Ebene sowie die Verknüpfung der Anforderungen über Kennzahlensysteme. Während Kummer die Kennzahlensysteme jedoch nicht weiter spezifiziert, hat Weber hierfür das Prinzip der selektiven Kennzahlen entwickelt.

In Abbildung 11 wird deutlich, dass es vorhandener Controllinginstrumente bedarf, um eine Balanced Scorecard optimal implementieren zu können. Bei der Modellierung der Prozesse und der Generierung der Kennzahlen kann man sich schnell auf einen gemeinsamen Standard einigen oder auch einen proprietären Standard entwickeln. Problematisch ist die nicht vorhandene, unternehmensübergreifende Prozesskostenrechnung, welche eine Bestückung der Finanzperspektive der Balanced Scorecard mit kostenorientierten Kennzahlen erschwert.

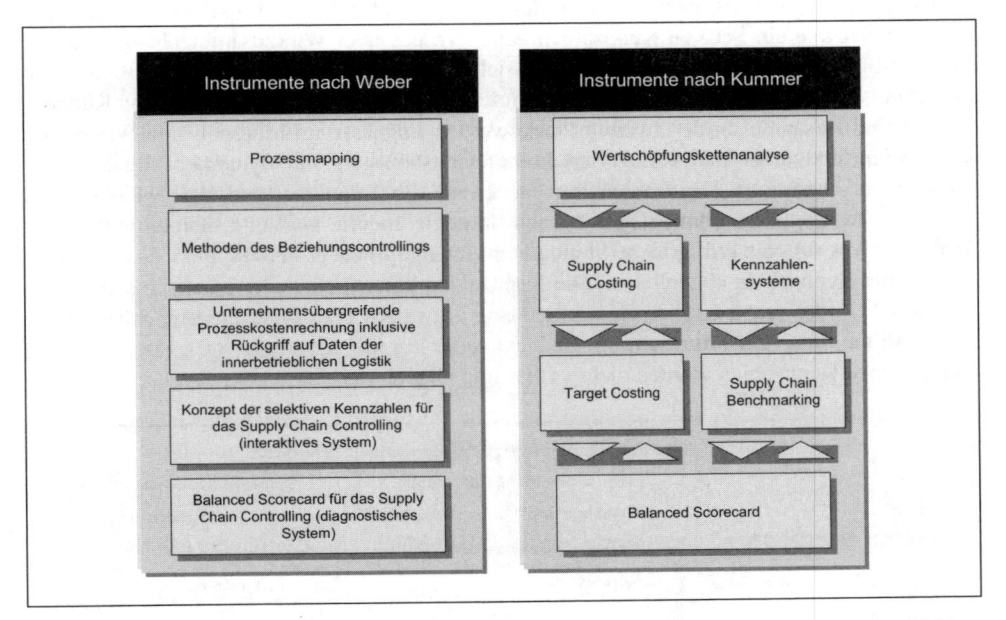

Instrumente nach Weber	Instrumente nach Kummer
Prozessmapping	Wertschöpfungskettenanalyse
Methoden des Beziehungscontrollings	Supply Chain Costing / Kennzahlensysteme
Unternehmensübergreifende Prozesskostenrechnung inklusive Rückgriff auf Daten der innerbetrieblichen Logistik	
Konzept der selektiven Kennzahlen für das Supply Chain Controlling (interaktives System)	Target Costing / Supply Chain Benchmarking
Balanced Scorecard für das Supply Chain Controlling (diagnostisches System)	Balanced Scorecard

Quelle: In Anlehnung an Bacher/Groll/Weber 2003a, S. 14. In Anlehnung an Kummer 2001, S. 82

Abbildung 11: *Instrumente des Supply-Chain-Controllings von Weber und Kummer*

2.4 Selektive Kennzahlen

Die Unzulänglichkeiten traditioneller Kennzahlensysteme wurden bereits dargestellt. Moderne Performance-Measurement-Systeme stellen neue Anforderungen. Vor allem lassen sich schwerlich Rechensysteme wie z. B. ROI oder DuPont mit Indikatoren abbilden. Vielmehr handelt es sich bei modernen Systemen um Ordnungssysteme, die Kennzahlen nicht mathematisch, sondern sachlogisch nach ihren Wirkzusammenhängen verknüpfen.[89] Dies führte zur

„Frage, ob man anstelle eines festen Systems nicht auf eine Erstellungsmethodik für Kennzahlen zurückgreift, die eine größere Flexibilität gewährleistet"[90].

Die Generierung der Kennzahlen erfolgt in drei Phasen:

1. Ableitung der strategischen Kennzahlen
2. Ableitung der operativen Kennzahlen
3. Zusammenführung der Kennzahlen

In der ersten Phase wird nach Vorgaben der Strategie unter Abgleich externer und interner Erfolgspotenziale ein Set von Kennzahlen generiert, das über Wirkzusammenhänge mit der Logistik-Strategie verbunden ist. Es handelt sich hierbei um quantifizierte strategische Ziele im Sinne von kritischen Erfolgsfaktoren, Liefertreue und Zufriedenheit mit dem Kundenservice sind Beispiele. In der zweiten Phase werden Engpässe im Material- und Warenfluss identifiziert und unter den Kategorien komplexitätsbezogen und dynamikbezogen eingeordnet. Die operativen Kennzahlen zur Steuerung der Engpässe sind das Nadelöhr des Systems. Die Engpässe können sich je nach Strategie ändern, sind und bleiben jedoch das Mindeste, was für eine erfolgreiche Strategieumsetzung gesteuert werden muss. In Phase drei werden die Kennzahlen abgeglichen. Die Kennzahlen können entweder identisch sein, einen funktionalen oder sachlogischen Zusammenhang aufweisen oder ohne Zusammenhang sein. **Kennzahlen ohne Zusammenhang** sind entweder für die Strategie irrelevant, oder die strategischen Kennzahlen wurden nicht vollständig abgeleitet.[91]

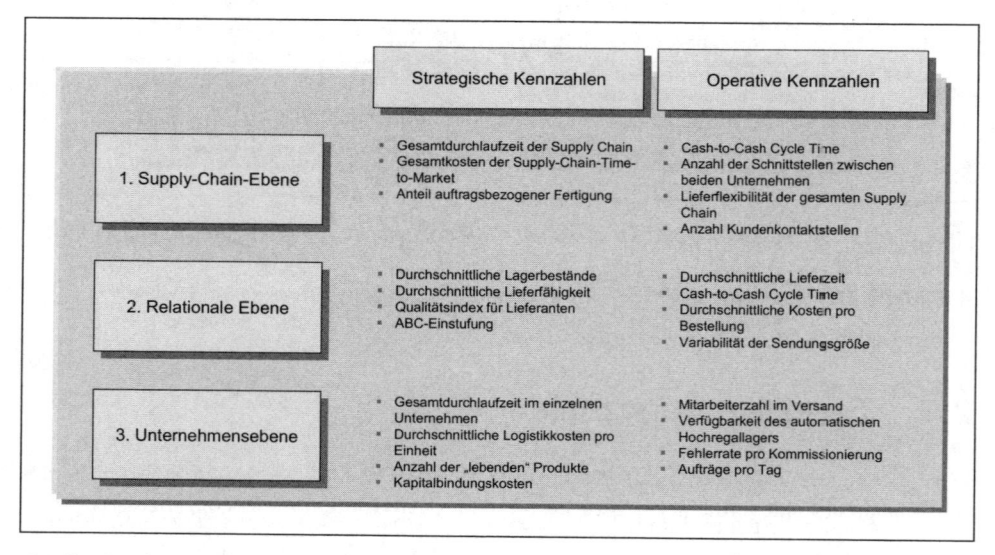

	Strategische Kennzahlen	Operative Kennzahlen
1. Supply-Chain-Ebene	• Gesamtdurchlaufzeit der Supply Chain • Gesamtkosten der Supply-Chain-Time-to-Market • Anteil auftragsbezogener Fertigung	• Cash-to-Cash Cycle Time • Anzahl der Schnittstellen zwischen beiden Unternehmen • Lieferflexibilität der gesamten Supply Chain • Anzahl Kundenkontaktstellen
2. Relationale Ebene	• Durchschnittliche Lagerbestände • Durchschnittliche Lieferfähigkeit • Qualitätsindex für Lieferanten • ABC-Einstufung	• Durchschnittliche Lieferzeit • Cash-to-Cash Cycle Time • Durchschnittliche Kosten pro Bestellung • Variabilität der Sendungsgröße
3. Unternehmensebene	• Gesamtdurchlaufzeit im einzelnen Unternehmen • Durchschnittliche Logistikkosten pro Einheit • Anzahl der „lebenden" Produkte • Kapitalbindungskosten	• Mitarbeiterzahl im Versand • Verfügbarkeit des automatischen Hochregallagers • Fehlerrate pro Kommissionierung • Aufträge pro Tag

Quelle: Bacher/Groll/Weber 2002c, S. 40
Abbildung 12: *Selektive Kennzahlen für Supply Chain Management*

Das System der selektiven Kennzahlen kann auch auf Supply Chain Management angepasst werden. In diesem Fall wird die Perspektive vom Unternehmen allein auf drei Ebenen erweitert. Die Supply-Chain-Ebene beinhaltet Kennzahlen, welche die Leistungsfähigkeit der Supply Chain als Ganzes beschreiben. Die relationale Ebene beinhaltet Kennzahlen, welche die Kooperation von zwei Unternehmen messen. Schließlich beinhaltet die Unternehmensebene Kennzahlen eines Einzelunternehmens, da es meistens einen Engpass der Supply Chain besitzt. Abbildung 12 zeigt die sechs Felder aufspannende Matrix mit Beispielkennzahlen.

2.5 Supply Chain Operations Reference Model (SCOR)

Das Supply Chain Operations Reference Model (SCOR-Modell) ist ein Produkt des Supply Chain Councils, einem unabhängigen Non-Profit-Unternehmen, das für alle Unternehmen und Organisationen offen steht, die sich für die Anwendung von Supply Chain Management interessieren.[92] Das Supply Chain Council wurde 1996 von 69 Mitgliedsorganisationen unter der Leitung der Unternehmensberatung Pittiglio Rabin Todd & McGrath (PRTM) sowie AMR Research gegründet. Im Moment sind etwa 800 Mitglieder weltweit aktiv.[93]

Die Ziele, die mit der Entwicklung des SCOR-Modells verfolgt werden, sind:

- eine einheitliche Sprache zu entwickeln, um allen Interessierten eine Kommunikationsbasis für ihre Supply-Chain-Management-Aktivitäten zur Verfügung zu stellen,
- ein einheitliches Performance Measurement zu ermöglichen und
- die zukünftige Entwicklung von Supply-Chain-Management-Software beeinflussen zu können.[94]

Die Bestandteile des Modells sind:

- Terminologien
- Prozesstypen, Prozesskategorien, Prozesselemente
- Kennzahlen
- Best Practices[95]

Über die hierarchischen Ebenen und Prozesse des SCOR-Modells spannt sich ein Kennzahlenbaum auf und verdichtet sich zu **Performance-Attributen.** Zu jedem Prozesstyp, jeder Prozesskategorie und jedem Prozesselement wurden Best Practices identifiziert. Die Performance-Attribute der höchsten Stufe beschreiben die Supply Chain als Ganzes. Sie sind Charakteristika des Objekts wie Höhe, Breite, Tiefe und Gewicht bei körperlichen Objekten. Durch ihre standardisierte Verwendung erlauben und vereinfachen sie ein Benchmarking von Supply Chains.[96] SCOR ist auf Teilaspekte des Supply Chain Managements beschränkt: auf logistische Prozesse. Zumindest in der aktuellen Version 6.0 finden weitere Geschäftsprozesse keine Berücksichtigung. „It does not attempt to describe every business process or activity."[97] Angewandt auf das Supply Chain Management Framework deckt SCOR damit folgende Teilprozesse ab:

- Demand Management
- Order Fulfillment
- Manufacturing Flow Management
- Supplier Relationship Management
- Returns Management

Performance Attribute	Performance Attribute Definition	Level 1 Metric
Supply Chain Delivery Reliability	The performance of the supply chain in delivering: the correct product, at the correct time, in the correct condition and packaging, in the correct quantity, with the correct documentation, to the correct customer.	Delivery Performance
		Fill Rate
		Perfect Order Fulfillment
Supply Chain Responsiveness	The velocity at which a supply chain provides products to the customer.	Order Fulfillment Lead Time
Supply Chain Flexibility	The agility of a supply chain in responding to marketplace changes to gain or maintain competitive advantage.	Supply Chain Response Time
		Production Flexibility
Supply Chain Costs	The costs associated with operating the supply chain.	Cost of Goods Sold
		Total Supply Chain Management Costs
		Value-added Productivity
		Returns Processing Costs
Supply Chain Asset Management Efficiency	The effectiveness of an organization in managing assets to support demand satisfaction. This includes the management of all assets: fixed and working capital.	Cash-to-Cash Cycle Time
		Inventory Days of Supply
		Asset Turns

Quelle: Supply Chain Council 2003, S. 7
Abbildung 13: *Performance-Attribute und Kennzahlen der höchsten Ebene*

Auch innerhalb dieser Prozesse werden von SCOR nicht alle Funktionsbereiche abgedeckt. SCOR hat den großen Vorteil, über das System hinaus ein Set von Kennzahlen identifiziert und definiert zu haben, das es unterschiedlichen Funktionsbereichen oder Unternehmen möglich macht, nach einheitlichen Standards ihre Performance zu messen. Die Performance-Attribute, Definitionen und Level-1-Metriken sind in Abbildung 13 dargestellt.

3. Balanced Scorecard als Instrument

Als Instrument des Performance Measurements wurde die Balanced Scorecard ausgewählt. Welche Gründe für diese Wahl sprechen, wird in Abschnitt 3.1 erläutert. Die wesentlichen Merkmale der Balanced Scorecard – ihre Struktur und Strategy Maps – werden in den Abschnitten 3.2 und 3.3 dargestellt.

3.1 Gründe für die Balanced Scorecard

Für die nähere Untersuchung der Balanced Scorecard als Instrument des Performance Measurements für Supply Chains sprechen zwei Gründe: ein struktureller und ein pragmatischer Grund.

Das Ursache-Wirkungskettenmodell eignet sich zur Verdeutlichung und Kommunikation der komplexen Zusammenhänge. Die geringe Komplexität des Instruments Balanced Scorecard begünstigt die Verwendung durch das Top-Management. Die Balanced Scorecard lässt sich flexibel einsetzen: auf Unternehmensebene, Geschäftsbereichsebene, Prozessebene und Mitarbeiterebene.[98] Neben der **strukturellen Eignung** der Balanced Scorecard müssen auch **pragmatische Gründe** herangezogen werden. Der Entschluss, Performance Measurement für die Supply Chain einzuführen, ist besser umzusetzen, wenn nicht zuerst ein neues Performance-Measurement-Konzept eingeführt werden muss. Im idealen Fall wird das bestehende System adaptiert. Aktuelle Studien belegen, dass die Balanced Scorecard im Vergleich zu anderen standardisierten Performance-Measurement-Systemen am weitesten in der Unternehmenspraxis verbreitet ist. Während 1998 im Rahmen der Stuttgarter Studie[99] die Balanced Scorecard bei 8,3 % der untersuchten Unternehmen bereits im Einsatz war und 20,2 % den Einsatz geplant hatten, waren es im Jahr 2000 nach einer Studie von Grüning und Günther[100] bereits 30,9 %, die die Balanced Scorecard im Einsatz hatten, und weitere 17,1 %, welche den Einsatz bereits planten. Aus dem Vergleich geht hervor, dass neben der Balanced Scorecard noch eigene Konzepte sowie ROI und ZVEI von Bedeutung sind.

„Eine steigende Bedeutung dieser Kennzahlensysteme ist aber nicht zu erwarten, da kaum noch Implementierungen oder konzeptionelle Untersuchungen in Vorbereitung sind."[101]

Die Balanced Scorecard ist heute das meistgenutzte Performance-Measurement-System bei Großunternehmen und die Bedeutung wird in naher Zukunft weiter zunehmen. Aus strukturellen und pragmatischen Gründen scheint eine Konzeption eines Performance-Measurement-Systems für Supply Chain Management auf Basis der Balanced Scorecard die zukunftssicherste Lösung zu sein.

3.2 Struktur der Balanced Scorecard

Die Balanced Scorecard war in ihrem ersten Entwurf ein strategisches Kennzahlensystem und wurde später zu einem Instrument zur Strategieimplementierung weiterentwickelt. Die Grundsätze sind Ausgewogenheit, Fokussierung und strategische Relevanz:

„The balanced scorecard forces managers to focus on the handful of measures that are most critical."[102]

Das Grundmerkmal der Balanced Scorecard sind ihre vier Perspektiven: Financial Perspective (Finanzperspektive), Customer Perspective (Kundenperspektive), Internal Business Perspective (Prozessperspektive) und Innovation and Learning Perspective (Lern- und Wachstumsperspektive). Die vier Perspektiven sollen ein Gleichgewicht schaffen:

- zwischen kurz- und langfristigen Zielen,
- zwischen Ergebnissen und den Leistungstreibern dieser Ergebnisse,
- zwischen harten, objektiven und weicheren, subjektiveren Maßgrößen. [103]

Besonders im Rahmen der zweiten großen Arbeit von Kaplan/Norton über die strategiefokussierte Organisation wurde das Konzept der vier Perspektiven weiter ausgebaut und mit vielen Beispielen und Standardstrategien angereichert. Jedoch ist in der Praxis eine abweichende Gestaltung der Balanced Scorecard möglich, unter Umständen sogar gefordert.[104]

Finanzperspektive

Letztendlich ist ein nachhaltiges finanzielles Ergebnis das Ziel jedes privatwirtschaftlichen Unternehmens, mit Ausnahme von dedizierten Non-Profit-Organisationen. Die Spitzenkennzahl kann je nach Zielsetzung variieren. Es kann sich um den Return on Capital Employed, den Return on Investment, den Return on Assets, den Shareholder Value, den Economic Value Added oder den Market Value Added handeln. Die Ziele der Finanzperspektive bilden den Zielkorridor für alle weiteren Perspektiven, die im Sinne der Finanzperspektive ihre Performance Driver beinhalten. Die wichtigsten Ziele sind Umsatzsteigerung, Kosten- und Produktivitätsverbesserung, Verringerung der Kapitalbindung sowie der Risiken.[105]

Kundenperspektive

Die Kundenperspektive ermöglicht Unternehmen, den Wertvorteil zu identifizieren und zu messen, den sie für ihre Kunden generieren. Mit der Änderung vom Verkäufer- zum Käufermarkt muss sich auch die Sichtweise der Unternehmen ändern: von der internen Produktivität zu den externen Kundenbedürfnissen.[106] Die Kundenperspektive übersetzt die Unternehmensstrategie in Zielsetzungen bezogen auf die anvisierten Kunden- und Marktsegmente und diese können im Unternehmen kommuniziert werden.[107]

Prozessperspektive

Nach Identifikation der Kundengruppen und Marktsegmente lassen sich aus den Bedürfnissen Anforderungen an die internen Geschäftsprozesse ableiten. Dabei sind nur diejenigen Ziele zu setzen, die zur Befriedigung der Kundenbedürfnisse und zum Erreichen der Finanzziele von elementarer Bedeutung sind.[108] Elementare Bedeutung können Engpässe oder Prozesse mit großer Hebelwirkung haben. Den Unternehmen gemein sind drei Kernprozesse: Innovationsprozess, Betriebsprozess und Kundendienstprozess.[109]

Lern- und Entwicklungsperspektive

Die vierte Perspektive betrachtet wiederum die Treiber der Prozessperspektive. Um diese Prozesse durchführen zu können, somit die Kundenbedürfnisse zu befriedigen und dadurch die geplanten Finanzziele zu erreichen, bedarf es der Leistung in drei Kategorien:

- Fähigkeiten der Mitarbeiter
- Fähigkeiten der Informationssysteme
- Motivation, Verantwortung und Ausrichtung[110]

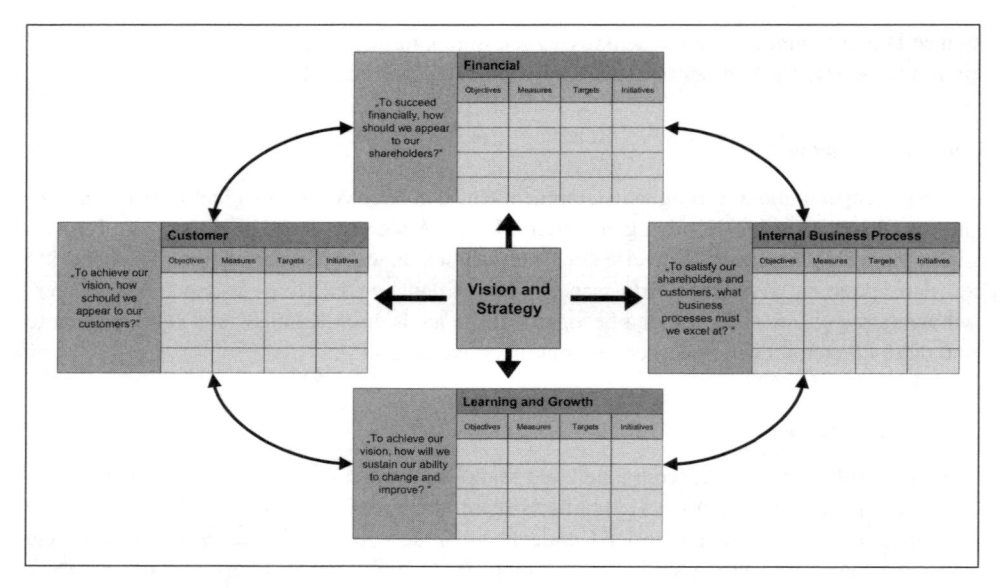

Quelle: Kaplan/Norton 1996a, S. 76
Abbildung 14: BSC übersetzt die Strategie in operationale Maßnahmen

3.3 Strategy Maps

Strategy Maps bilden die Struktur einer Strategie ab. Sie beschreiben den Umwandlungsprozess von immateriellen Unternehmenswerten, wie Mitarbeiter, zu den materiellen Werten, wie Eigenkapital. Sie verknüpfen das gewünschte Ergebnis der Strategie mit ihren Ursachen in einer Ursache-Wirkungskette. Jede Maßgröße innerhalb der Balanced Scorecard ist in dieses Ursache-Wirkungsgeflecht eingebunden.[111] Das letztendlich entstandene Gedankengerüst bildet die *„Hypothesen der Strategie"*[112] ab. Sofern die Hypothesen zutreffen, lässt sich vorhersagen, wie einzelne Maßnahmen das finanzielle Ergebnis beeinflussen werden. Treffen die prognostizierten Veränderungen nicht zu, müssen die Annahmen überdacht und die Hypothesen geändert werden. „Die Darstellung von Ursache-Wirkungsketten und damit die Berücksichtigung von Interdependenzen zwischen Zielen gewinnen auch in der Praxis zunehmend an Bedeutung."[113]

Abbildung 15 zeigt eine beispielhafte Ursache-Wirkungskette. Der Return On Capital Employed (ROCE) ist die Spitzenkennzahl der Finanzperspektive. Treiber für diese Kennzahl könnten wiederholte und höhere Verkäufe an Bestandskunden sein, abgebildet durch die Kundentreue. Studien zum Konsumentenverhalten könnten ergeben, dass Kunden großen Wert auf eine pünktliche Lieferung legen, pünktliche Lieferungen wären also ein Frühindikator für eine höhere Kundentreue. Aus dieser Erkenntnis ergibt sich die weitere Fragestellung. Was müssen die Geschäftsprozesse leisten, um eine pünktliche Lieferung zu ermöglichen? Eine hohe Prozessqualität, z. B. in Form geringer Ausschüsse und kurzer Durchlaufzeiten, ermöglicht eine pünktliche Lieferung. Eine Analyse könnte ergeben, dass das Fachwissen der Mitarbeiter über die Funktionsweise der Prozesse die Prozessqualität und -durchlaufzeit dominierend beeinflusst, damit wäre das Fachwissen der Mitarbeiter ein strategisches Ziel der Lern- und Entwicklungsperspektive.[114]

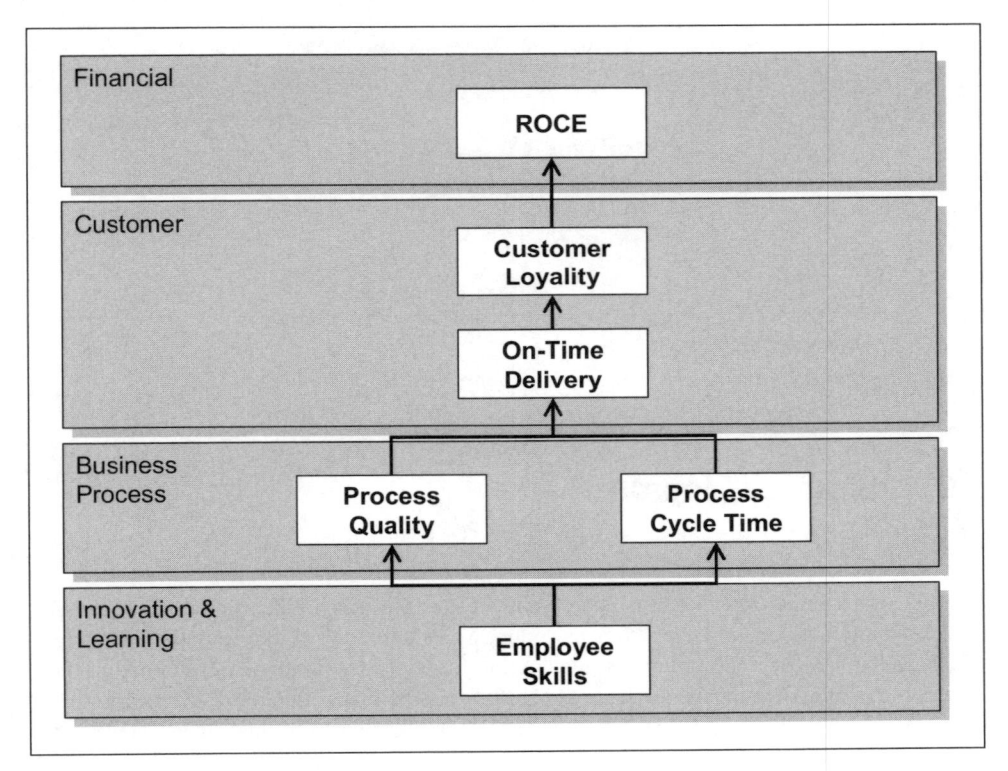

Quelle: Kaplan/Norton 1996, S. 31
Abbildung 15: *Ursache-Wirkungsketten, vom Fachwissen zum ROCE*

Evaluierung existierender Konzepte

Den Einstieg in die Konzeption einer Supply Chain Balanced Scorecard bildet die Evaluierung bestehender Ansätze. Um eine Bewertung vornehmen zu können, müssen zuerst Anforderungen definiert werden. Existierende Bewertungsansätze genügen den sehr spezifischen, auf die Balanced Scorecard ausgerichteten, Anforderungen nicht. Auf Grundlage des Frameworks von Cooper, Lambert und Pagh werden in Kapitel 1 Anforderungen abgeleitet. Die vorgestellten Konzepte aus Kapitel 2 werden in Kapitel 3 gegen diese Anforderungen bewertet. Aus dieser Analyse werden Handlungsbedarfe für die Konzeption einer Supply Chain Balanced Scorecard abgeleitet.

1. Anforderungen

Ein effektives Performance-Measurement-System kann Folgendes leisten:

- Es stellt die Grundlagen zum Verstehen des Systems zur Verfügung.
- Es beeinflusst das Verhalten der einzelnen Mitglieder des Systems.
- Es stellt Informationen über die Ergebnisse der Anstrengungen zur Verfügung. Diese Informationen sind für Mitglieder der Supply Chain und andere Anspruchsgruppen (Stakeholder) wichtig. [115]

Aus diesen allgemeinen Anforderungen und den Merkmalen des Supply Chain Managements lassen sich Anforderungen an eine Supply Chain Balanced Scorecard ableiten. Gegen diese Anforderungen können existierende Ansätze geprüft werden. Daraus lassen sich eine Bewertung der einzelnen Konzepte sowie ein Handlungsbedarf aufzeigen. Im Folgenden wird hergeleitet, warum bestehende Anforderungskataloge zur Beurteilung nicht ausreichend sind, welcher Anforderungskatalog zugrunde gelegt wird und wie die Ansätze später evaluiert werden. In der Auswertung werden Schlussfolgerungen für die weiteren Überlegungen abgeleitet.

1.1 Kritik an vorhandenen Anforderungen

Aus allgemeinen Überlegungen zu Performance-Measurement-Systemen haben Erdmann, Hieber und Zimmermann Anforderungen aus der Sicht des Supply Chain Managements definiert. Die postulierten Anforderungen beziehen sich auf einen Vergleich von Performance-Measurement-Systemen. Durch die Einschränkung des Lösungsraumes auf **Balanced-Scorecard-basierte Ansätze** sind viele der Anforderungen überflüssig. Des Weiteren fehlt eine Differenzierung nach inhaltlichen und strukturellen Merkmalen. So fordert Zimmermann eine Transparenz des Nutzens wie auch eine mehrdimensionale Bewertung. Abbildung 16 stellt die Anforderungen von Erdmann, Hieber und Zimmermann gegenüber.

Alle für dieses Konzept geltenden Anforderungen sollen sich durch folgende Merkmale auszeichnen:

- Die Anforderungen akzeptieren die impliziten Eigenschaften der Balanced Scorecard und werden nur genannt, sofern sie über die Anforderungen an BSC-Konzepte für Unternehmen hinausgehen.
- Anforderungen beziehen sich konkret auf die Spezifika von Supply Chains. Unternehmensinterne Performance-Measurement-Systeme sollen nicht abgelöst werden. Im Gegenteil: Die Anforderungen beziehen sich dezidiert auf Eigenschaften, die außerhalb der Aufmerksamkeit von unternehmensinternen Performance-Measurement-Systemen liegen.
- Anforderungen können dann konkret mit Anforderungen an unternehmensinterne Performance-Measurement-Systeme übereinstimmen, wenn eine Verknüpfung beider Systeme notwendig ist, um die Strategie der Supply Chain implementieren zu können.

Erdmann	Hieber
Zeit Ausrichtung Aggregationsgrad Steuerungsziel Dimension Format Planungsbezug Anreizbezug Anwendungsflexibilität Anwendungskomplexität Prozessorientierung	network-oriented partnership-oriented balanced-oriented business process-oriented multi-level-oriented model-oriented scope-oriented

Evaluierung existierender Konzepte

Zimmermann	
Supply-Chain-induzierte Anforderungen	**Supply-Chain-Umfeld-induzierte Anforderungen**
Bewertung der Leistung der Wertschöpfungskette und des Beitrags einzelner Akteure	Globales Umfeld
	Mehrdimensionale Bewertung
Transparenz über den Nutzen der Supply-Chain-Mitgliedschaft	Zukunftsorientierung
	Anspruchsgruppen
Unterstützung der strategischen Steuerung der Wertschöpfungskette	Messung der Kundenzufriedenheit
Berücksichtigung der Spezifika der Supply Chain	Förderung der Supply-Chain-Orientierung von Führungskräften und Mitarbeitern
Unterstützung eines Kosten-Nutzen-Ausgleichs innerhalb der Supply Chain	Unterstützung der Supply-Chain-Optimierung
	Unterstützung der Bewertung von Lieferanten
Adaptionsfähigkeit bei organisatorischen Veränderungen	

Quelle: Erdmann 2003, S. 167. Hieber 2002, S. 79-84. Zimmermann 2003, S. 98
Abbildung 16: *Anforderungen an Performance Measurement für Supply Chains*

1.2 Definition der Anforderungskategorien

Die besonderen Eigenschaften von Supply Chain Management wurden bereits behandelt. Das Axiom des Supply Chain Managements ist demnach die Feststellung, dass die Verschiebung der Betrachtungsweise vom Wirtschaftssubjekt Unternehmung zum Wirtschaftssubjekt Wertschöpfungskette die Realisierung nachhaltiger Wettbewerbsvorteile ermöglicht.[116] Im Gegensatz zu einem Einzelunternehmen gilt für alle Unternehmen dieses vertikal kooperierenden Netzwerkes[117]:

- Ausgangspunkt jeder Überlegung ist der Endkunde.
- Ziel ist die optimale Gestaltung der Prozesse über die gesamte Wertschöpfungskette.
- Ein Vorteil ist nur durch die freiwillig-zielorientierte Zusammenarbeit der Teilnehmer zu realisieren.

Das Performance Measurement verfolgt die Zielsetzung,

- eine Beurteilung der Leistung und der Leistungspotenziale zu ermöglichen sowie
- die Aufmerksamkeit des Managements auf erfolgskritische Entscheidungen zu lenken.

Für die folgende Ableitung von Anforderungen wird das Analyseframework von Cooper, Lambert und Pagh verwendet.[118] Hieraus ergeben sich folgende drei Anforderungskategorien:

- strukturinduzierte Anforderungen
- prozessinduzierte Anforderungen
- managementinduzierte Anforderungen

Strukturinduzierte Anforderungen leiten sich aus kollaborationseigenen Merkmalen ab, prozessinduzierte aus den besonderen Merkmalen der Supply-Chain-Prozesse. managementinduzierte betrachten die besonderen Merkmale des Supply Chain Managements, dies ist im Besonderen die unternehmensübergreifende Koordination von Gestaltungsaufgaben. In diesem Set sind strukturelle und inhaltliche Komponenten integriert. Inhaltliche Anforderungen sind schwer zu bewerten, da empirische Daten bisher nicht vorhanden sind.

Struktur-induziert	Netzwerkübergreifende Abstimmung
	Netzwerkinterne Synchronisation
	Transparenz der Mitgliedschaft
Prozess-induziert	Optimierung der Schnittstellen
	Überprüfung der Ursache-Wirkungsketten
	Transparenz der Performance
Management-induziert	Synchronisation der Führungsprozesse
	Erhöhung des Return on Management
	Vorgehensweise Kennzahlengenerierung

Abbildung 17: Anforderungen an Supply Chain Balanced Scorecards

1.2.1 Strukturinduzierte Anforderungen

Strukturinduzierte Anforderungen sind langfristig-strategischer Natur und tendenziell statisch. Sie entstehen durch die Besonderheiten des strategischen Netzwerkes im Vergleich zum Unternehmen sowie durch die Besonderheiten der unterschiedlichen Sichtweise auf die Supply Chain in Abhängigkeit des eigenen Standpunktes. Durch Outsourcing wurden Aktivitäten der Wertschöpfung ausgelagert, welche jetzt durch Kooperation zugänglich gemacht werden. Der Intensitätsgrad der Kooperation liegt auf der Beschaffungsseite zwischen extremem Insourcing und der Anbindung über Lieferverträge.[119]

Folgende Anforderungen können abgeleitet werden:

- Netzwerkübergreifende Abstimmung
- Netzwerkinterne Synchronisation
- Transparenz der Mitgliedschaft

Netzwerkübergreifende Abstimmung

Das geforderte Performance-Measurement-System muss netzwerktypische Fragestellungen berücksichtigen. Darunter fallen die typischen netzverändernden Prozesse Eintritt, Positionierung, Repositionierung und Austritt[120] sowie Fragen der Konfiguration.[121] Das System muss Veränderungen innerhalb der Struktur abbilden können. Diese Möglichkeit ist aufgrund der **inhärenten Inflexibilität von Supply Chain Management** von größter Bedeutung.[122] Besonders der dynamischen Veränderung durch eine Repositionierung im Sinne einer Aufgabenveränderung innerhalb des Netzwerkes muss Rechnung getragen werden können.[123] Vertrauen ist ein weiterer dominierender Faktor erfolgreicher Supply Chains.[124] Ein Vertrauensmaßstab muss definiert werden, entweder durch direkte Umfragewerte oder durch Indikatoren, aus denen auf das Vertrauen geschlossen werden kann. Weiterhin wäre eine abgrenzende Betrachtung sinnvoll, die auf konkurrierende Supply Chains und Spannungsverhältnisse eines Mitglieds, welches in verschiedenen Supply Chains aktiv ist, abzielt.

> „Langfristige Verträge oder andere Merkmale einer engeren technischen Bindung sind für eine exzellente Supply Chain Integration nicht ausreichend. Wesentlich ist vielmehr ein partnerschaftliches Verhältnis ..."[125]

Netzwerkinterne Synchronisation

Ist das Netzwerk konfiguriert, muss eine neue Strategie für genau diese Konfiguration entwickelt werden. Das Performance-Measurement-System muss diese Strategie abbilden können. Das heißt zum einen, die **Verknüpfung von Individual- und Supply-Chain-Strategie** zu ermöglichen, zum anderen Lösungen zum Umgang mit interorganisatorischen Spannungsverhältnissen anzubieten.

Netzwerkinterne Synchronisation bedeutet, seine **Aufmerksamkeit richtig zu steuern.** Welchen Partnern schenke ich wie viel Aufmerksamkeit? Welche Beziehungen innerhalb der Supply Chain bieten einen besonderen Hebel zur Wertsteigerung? Ein Werkzeug zur Ausleuchtung dieser Fragestellung kann hier der Return on Management sein. Die Identifikation der unterschiedlichen Verknüpfungsarten nach dem Supply Chain Management Framework kann hier unterstützend wirken.[126]

Auch innerhalb der konfigurierten Struktur bestehen unterschiedliche Sichtweisen der Supply Chain und der Umgebung. Eine Supply Chain Balanced Scorecard muss diese unterschiedlichen Sichtweisen berücksichtigen. In den Konzepten wird diese Anforderung meist durch Kaskadierungskonzepte realisiert. Der Schritt von den Supply-Chain-Zielen zu den Unternehmenszielen entspricht der Synchronisationsleistung.

Transparenz der Mitgliedschaft

„Unternehmen beteiligen sich an Netzwerken, um individuelle Ziele zu erreichen."[127] Diese individuell verfolgten Ziele stimmen in der Regel nicht mit den Zielen der Netzwerkpartner überein, sie sind nicht kongruent.[128] Die Ziele müssen abgeglichen und einer gemeinsamen partiellen Planung unterworfen werden. Im Rahmen dieser Supply-Chain-Strategie kann es zu einer **ungleichen Verteilung von Nutzen** kommen. Längerfristig wird niemand eine Benachteiligung akzeptieren. Jeder Partner muss um seine Kosten- und Ertragsposition innerhalb des Netzwerkes wissen, so kann Vertrauen entstehen und Motivation erhalten bleiben.[129] Dies erfordert zusätzlich zur strategischen Unterstützung eine operative Grundlage in Form eines durchgängigen unternehmensübergreifenden Controllings, im Besonderen eines Supply Chain Costings.[130] Verteilungsgerechtigkeit muss nicht verursachungsgerechte Exaktheit bedeuten, sondern vielmehr Fairness unter den Beteiligten.

Ein Zusammenschluss zu einer Supply Chain ist nur sinnvoll, wenn

- die Supply Chain als Ganzes einen Wettbewerbsvorteil gegenüber konkurrierenden Anbietern realisieren kann und wenn
- jeder Einzelne einen Vorteil für sich realisieren kann.

Die Supply Chain muss am Point of Consumption durch die Faktoren Zeit, Kosten, Qualität und Flexibilität Vorteile bieten, die eine unkoordinierte Supply Chain nicht bieten kann.

1.2.2 Prozessinduzierte Anforderungen

Prozesse sind tendenziell dynamisch. Sie sind durch bestehende Strukturen in ihrem Wandel begrenzt. Effektive Entscheidungen werden auf der Strukturebene getroffen, Prozesse setzen diese Ziele effizient um. Es können folgende Anforderungen abgeleitet werden:

- Optimierung der Schnittstellen
- Überprüfung der Ursache-Wirkungszusammenhänge
- Transparenz der Performance

Optimierung der Schnittstellen

Schnittstellen sind ineffizient. Besonders interorganisationale Schnittstellen erzeugen Reibungsverluste in der Logistikkette. Diese Reibungsverluste resultieren aus Übergangswiderständen zwischen zwei Teilsystemen. Das Vorhandensein der Schnittstellen ist in der Verschiedenheit der Teilsysteme zu begründen.[131] **Schnittstellenwiderstände** abzubauen ist damit ein originäres Ziel der Logistik. Schnittstellen durch organisatorische Integration zu ersetzen ist ein wesentliches Element des Supply Chain Managements. So sagen bereits Oliver/Webber in ihrem ersten Aufsatz über Supply Chain Management: „Integration, not simply interface, is the key."[132]

Unternehmensgrenzen verlieren durch prozessorganisatorische Umgestaltungen an Bedeutung. Grenzen werden offener und Einfluss ausgeweitet.[133] Diese Durchlässigkeit bedeutet, dass auch der eigene Unternehmenserfolg immer stärker vom Erfolg der Partner abhängig wird, deren Managemententscheidungen weit in das eigene Unternehmen hinein Einfluss haben. Ein Performance-Measurement-System muss diese Schnittstellen akzeptieren und durch die Auswahl geeigneter KPIs die Schnittstellenverluste minimieren.

Überprüfung der Ursache-Wirkungszusammenhänge

Aufgrund der Auflösung der Unternehmensgrenzen und der netzwerkartigen Verbindung innerhalb der Supply Chain treten zwei Symptome auf:

- Wirkung und Ursache können in der Supply Chain sehr weit auseinander liegen.
- Wirkung und Ursache können mit größerer zeitlicher Verzögerung auftreten.

Ein Performance-Measurement-System muss dies berücksichtigen. Diesem Phänomen muss besondere Aufmerksamkeit geschenkt werden, da Prozessoptimierung in der Supply Chain nicht mehr ausschließlich im eigenen Unternehmen stattfindet, sondern die Partner Potenziale über die Supply Chain hinweg identifizieren müssen. Das Ziel- und KPI-System des Performance Measurements muss deswegen Ursache-Wirkungszusammenhänge unternehmensübergreifend und funktionsbereichsübergreifend verknüpfen. Die Verknüpfung muss managementgerecht aufbereitet sein. Der Schwerpunkt soll auf der Kommunikation liegen. Die vorhandenen strategischen Bedeutungszusammenhänge müssen unter den einzelnen Managern, aber auch Mitarbeitern diskutiert werden.

Transparenz der Performance

„In interorganizational systems such as supply chains, timely and accurate assessment of overall system and individual system component performance is of paramount importance."[134] Dies gilt nicht nur für die Gesamtsysteme und das Aufschlüsseln der Nutzenverteilung, sondern auch für die individuelle Performance der einzelnen Mitarbeiter. Zwar ist es nicht die Aufgabe einer Supply Chain Balanced Scorecard, bis auf die Mitarbeiterebene zu wirken, zumindest nicht strukturell, jedoch soll sich das System mit vorhandenen Systemen verknüpfen und Auswirkungen bis auf die Mitarbeiter haben können. Wie bereits festgestellt, ist ein Grund für die Einführung von Performance Measurement die Verhaltenssteuerung. Ein isoliertes, auf die Supply Chain beschränktes Measurement-System würde dieses Ziel verfehlen.

1.2.3 Managementinduzierte Anforderungen

Das Management plant, steuert und kontrolliert die Strukturen und Prozesse. Zur Wahrnehmung dieser Gestaltungsaufgabe werden Instrumente benötigt, um effektiv zu planen und effizient zu steuern. Des Weiteren muss das Management seine Führungsaufgaben im Einvernehmen mit der gegebenen Kultur wahrnehmen. Das Management muss Werte und Visionen vermitteln können und prüfen, ob ihm das gelingt. Es können folgende Anforderungen abgeleitet werden:

- Synchronisation von Führungsprozessen
- Erhöhung des Return on Management
- Vorgehensweise zur Generierung von Kennzahlen

Synchronisation von Führungsprozessen

Eine wesentliche Komponente von Supply Chain Management ist die Harmonisierung von Zielen. Dies wird dadurch nötig, dass organisatorisch selbstständige Einheiten eigene Zielsysteme haben und deswegen gegenläufig handeln können. Dieses Handlungsmuster führt zu einem lokalen Optimum, nicht zu einem gesamten Optimum. Beispiel: Der Einkauf möchte große Lose (Rabatte), der Vertrieb möchte kleine Lose (Lieferzeit). Eine Balanced Scorecard für Supply Chain Management muss Möglichkeiten aufzeigen, **autonome Zielsysteme** miteinander **zu koppeln,** auch unternehmensübergreifend. Das heißt, neben einer Integration entlang der Wertschöpfungskette muss auch Top-down und Bottom-up integriert werden.

Synchronisation beinhaltet sämtliche Managementkomponenten. Diese müssen sich nicht entsprechen, doch mit gleichen Zielvorstellungen arbeiten. Managementkomponenten müssen unternehmensübergreifende Optimierungen über Anreizsysteme honorieren. Ähnlich dem internen Vorschlagswesen, welches Prämien für angenommene Verbesserungsvorschläge ausschüttet, muss es ein unternehmensübergreifendes Pendant geben.

Erhöhung des Return on Management

Performance Measurement kann nicht Prozesse optimieren. Es ist eine Unterstützungsfunktion für kontinuierliche Verbesserung und Business Process Reengineering. Performance Measurement lenkt die Aufmerksamkeit des Managements auf die wesentlichen Aktivitäten der Unternehmung. Eine Supply-Chain-weite Erhöhung des Return on Management bedeutet zum einen, dass auch Managementaktivitäten an der Stelle der Wertschöpfungskette ausgeführt werden, an der sie wirkungsoptimal sind. Zum anderen bedeutet eine Erhöhung des Return on Management, dass das Top-Management Weisungen für das Management darüber vorgeben muss, was mit der gewonnenen Zeit getan wird. Gerade bei Prozessoptimierungen werden durch eine Beschleunigung der Prozesse zeitliche Ressourcen der Mitarbeiter freigesetzt. Je nach Personalstruktur ist es nicht möglich, Mitarbeiter freizustellen, sie haben jedoch weniger Arbeit. Hier für Auslastung zu sorgen oder eine entsprechende Umschichtung vorzunehmen, unterscheidet eine gute Strategie von einer schlechten, eine durchdachte von einer oberflächlichen. Die Supply Chain Balanced Scorecard soll bei der **Kommunikation der Vision und Strategie** unterstützen und diese Potenziale abbilden können.

Vorgehensweise zur Generierung von Kennzahlen

Kennzahlenvorschläge und -beispiele sind sinnvoll, jedoch nicht wesentlicher Konzeptbestandteil. Kennzahlen sind Supply-Chain-spezifisch. Wichtiger als konkrete Vorschläge sind Vorgehensweisen oder Frameworks, wie man diese Kennzahlen identifizieren kann. Leitende Fragen sind:

- Was sind Supply-Chain-spezifische Kennzahlen?
- Welche Kriterien sind an den Pool der Kennzahlen zu stellen?
- Wie werden diese Kennzahlen horizontal und vertikal miteinander verknüpft?

2. Konzepte

Im Folgenden werden Konzepte aus dem deutschen und englischen Sprachraum vorgestellt, die sich mit einem Konzept der Balanced Scorecard zur Anwendung in Supply-Chain-Szenarien beschäftigen.

2.1 Brewer und Speh

Brewer und Speh führen drei Kriterien an, denen ein Performance Measurement für Supply Chain Management genügen muss:

1. Das Performance-Measurement-System muss die interorganisationale Zusammenarbeit als besondere Eigenschaft berücksichtigen.
2. Das Performance-Measurement-System muss zusammenarbeitendes Verhalten honorieren.
3. Jedes Unternehmen entlang der Lieferkette muss sich unabhängig von seiner Entfernung zum Endkunden ausschließlich auf die Befriedigung der Bedürfnisse dieses ultimativen Endkunden konzentrieren. [135]

Der vorgeschlagene Ansatz genügt diesen Kriterien durch seine Abbildung eines Supply Chain Management Frameworks auf die Balanced Scorecard sowie durch seine Vorschläge zur Generierung von Kennzahlen. Die Abbildung des **Supply Chain Management Frameworks** auf die Balanced Scorecard ist wie folgt:

- Die SCM-Ziele werden über die Prozessperspektive gesteuert. Die Hauptziele des Supply Chain Managements sind nach Brewer und Speh die Reduzierung von Ausschuss, die Beschleunigung der Durchlaufzeit, die rasche Anpassung an Bedarfsschwankungen sowie die Senkung der Stückkosten.

- Der Kundennutzen wird über die Kundenperspektive gesteuert, wobei der Kundennutzen durch besseren Service und Wert des Produktes bzw. der Dienstleistung erreicht werden kann sowie durch eine Erhöhung des Lieferservices und der Flexibilität.

- Der finanzielle Nutzen wird in der Finanzperspektive abgebildet. Als Zielsystem für den finanziellen Erfolg der Supply Chain werden eine höhere Marge, höhere Liquidität, Umsatzwachstum und ein effizienter Einsatz der Vermögenswerte angestrebt.

- Die SCM-Verbesserung wird über die Innovations- und Lernperspektive abgebildet. Kontinuierliche Verbesserung wird über Produkt- und Prozessinnovationen, das Management der Beziehungen zu den Partnern, über die Optimierung der Informationsflüsse sowie den Umgang mit Bedrohungen und den Wettbewerbern erreicht.[136]

Die einzelnen Ziele und Erfolgsfaktoren sowie ihre Abbildung auf die Perspektiven der Balanced Scorecard nach Kaplan/Norton sind in Abbildung 18 dargestellt. Brewer/Speh schlagen eine auf die Anforderungen von Supply Chains ausgerichtete Auswahl von Kennzahlen unter der Abkürzung **HOPE** vor. HOPE steht für „Harmonized, Optimal, Parsimonious, and Economical".[137]

Harmonische Kennzahlen sind über die vier Perspektiven der Balanced Scorecard hinweg verknüpft und stellen sicher, dass Zielkonflikte offen gelegt und austariert werden. Beispielsweise würde eine Kennzahl „Entwicklungsdauer für ein neues Produkt" die Entwickler zu einer möglichst raschen Entwicklung anhalten. Die Entwicklung soll jedoch nicht nur möglichst schnell, sondern gleichzeitig qualitativ hochwertig sein. Eine konsequente weitere Kennzahl wäre somit „aktueller Einführungstermin versus geplanter Termin". Dieser Kennzahl würde ein Plan zugrunde liegen, der entsprechende Entwicklungszeiten für eine qualitativ hochwertige Entwicklung beinhaltet.

Optimale Kennzahlen steuern das Risiko von übermotivierten Mitarbeitern. Konsequent als Erweiterung der Harmonieforderung kann das Beispiel von oben erweitert werden. Die Kennzahl „Anteil der verkauften Produkte älter als drei Jahre" steuert das Risiko, dass die Entwicklungsabteilung auf Kosten von Qualität und Marktreife zu schnell neue Produkte entwickelt.

Sparsam ist eine Menge von Kennzahlen dann, wenn zum einen jede Kennzahl mit mindestens einer anderen in Beziehung steht, zum anderen wenn zwei Kennzahlen nicht zu stark miteinander korrelieren. Korrelieren sie zu stark miteinander, verlieren sie an Aussagekraft

Evaluierung existierender Konzepte

und eine von beiden kann eliminiert werden. Ein Beispiel wäre Return on Assets und Return on Investment.

Eine Kennzahl heißt wirtschaftlich, wenn ihr implizierter Nutzen die Kosten der Datenerhebung übersteigt.

Insgesamt analysieren Brewer und Speh weniger die Balanced Scorecard als **geeignete Kennzahlen.** Die Analyse und Anforderungsableitung ist jedoch hervorragend, die vorgestellten Kennzahlen sind eine Fundgrube. Sie können als Anschauungsbeispiele und Inspiration bei der Suche nach eigenen Key Performance Indicators dienen.

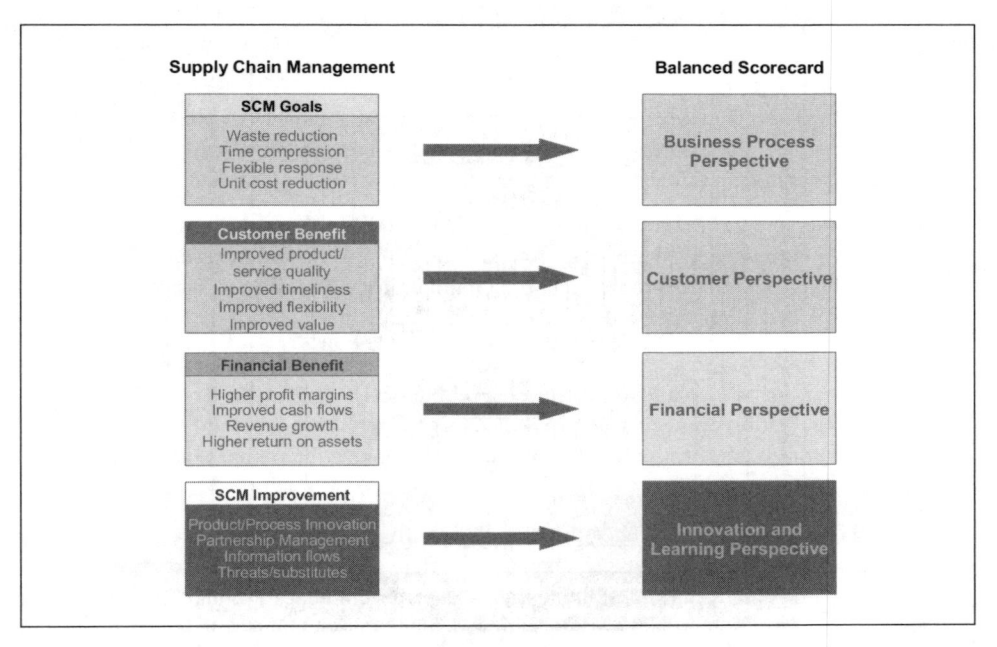

Quelle: Brewer/Speh 2001, S. 52
Abbildung 18: *Verbindung von Supply Chain Management und Balanced Scorecard*

2.2 Daldrup, Lange und Schaefer

Die Netzwerk-BSC von Daldrup, Lange und Schaefer konzentriert sich weniger auf spezifische Supply-Chain-Partnerschaften, sondern allgemein auf Unternehmenszusammenschlüsse zu strategischen Netzwerken. Das heißt, die eigentliche Balanced Scorecard wird weder inhaltlich noch strukturell modifiziert, sondern es wird ein Vorschlag zu Einsatz und Vernetzung dokumentiert. Zur Betrachtung der Anforderungen von strategischen Unternehmensnetzwerken an Controllinginstrumente muss zunächst eine Abgrenzung stattfinden. Daldrup/Lange/Schaefer unterscheiden zwischen den Ebenen Unternehmen, Netzwerk und Netzwerkumfeld.[138]

Ein **integriertes Controlling** ist der Führungsprozess des Unternehmens, welcher wertschöpfungskettenbezogen koordiniert.[139] Diese Koordination soll „die Gesamtzielerreichung des strategischen Unternehmensnetzwerkes und damit auch der einzelnen vernetzten Unternehmen"[140] optimieren.

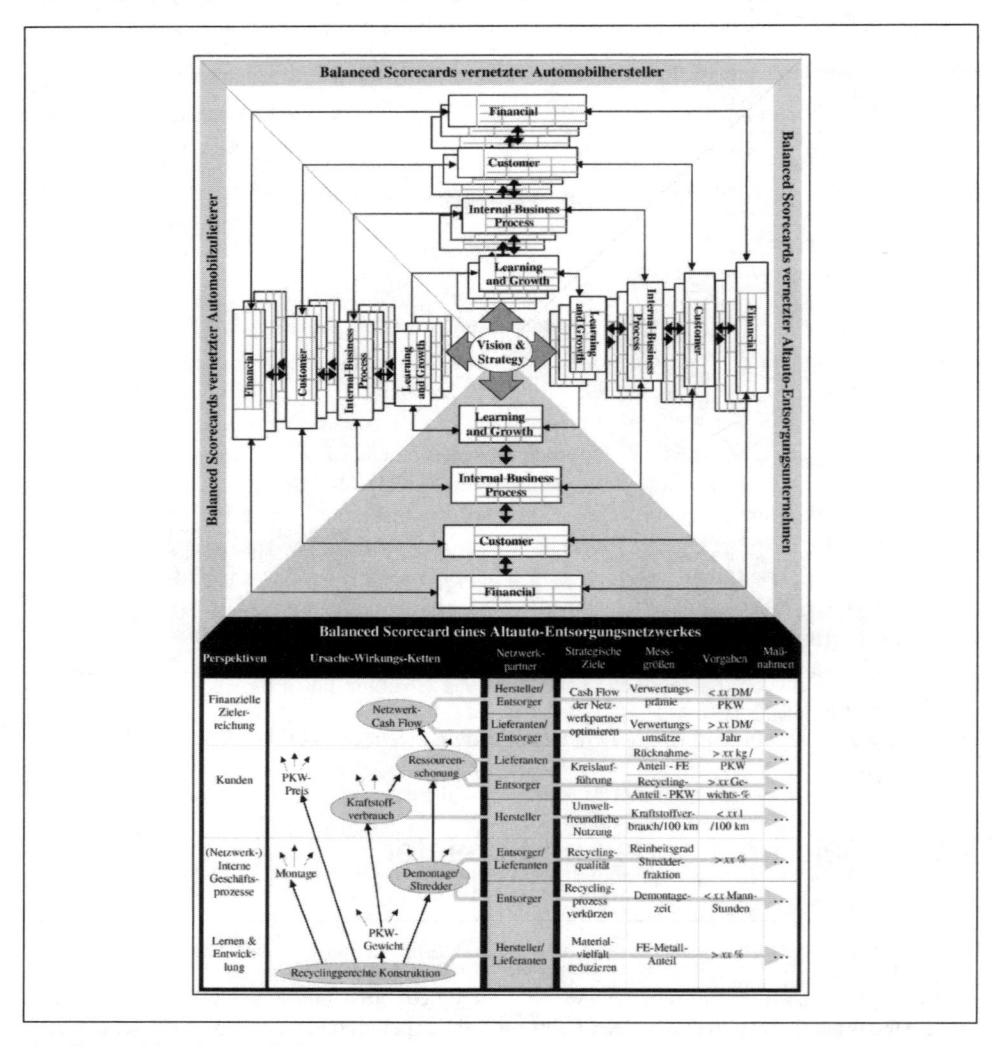

Quelle: Daldrup/Lange/Schaefer 2001, S. 80
Abbildung 19: Netzwerk-BSC

Die Netzwerk-BSC ist ein Instrument des integrierten Controllings und unterstützt die Unternehmensführung aus der Sicht eines Netzwerkunternehmens, insbesondere als Kommunikations- und Lerninstrument. Von einer gemeinsamen Vision, Strategie und Netzwerkpolitik werden konkrete strategische Ziele abgeleitet und von der Netzwerk-BSC ausgehend mit den Balanced Scorecards der Unternehmen verknüpft.[141] Die Autoren erläutern ein Beispiel eines Altauto-Entsorgungsnetzwerkes, dargestellt in Abbildung 19.

Im Unterschied zu anderen Vorschlägen belässt es die Netzwerk-BSC bewusst bei den vorhandenen Scorecards in den Unternehmen und legt besonderen Wert auf deren Verknüpfung und das Aufzeigen der Ursache-Wirkungsketten innerhalb des Netzwerkes. Beispielsweise einigt sich das Netzwerk im Rahmen der Strategieentwicklung auf das strategische Ziel der Ressourcenschonung, daraufhin leiten sich alle Netzwerkpartner entsprechende Ziele für ihre Balanced Scorecard ab.

2.3 Erdmann

Erdmann schlägt ein „Referenzmodell für ein SC-weites Performance-Measurement-System"[142] vor. Dieses Referenzmodell entwirft er auf Basis der Balanced Scorecard, welche er zuvor als sehr geeignet für Supply Chain Management identifiziert hat.[143] Es wurden die Data Envelopment Analysis, die Performance Measurement Matrix, die Performance Pyramid, die Balanced Scorecard und der Quantum Performance Measurement Ansatz von Wissenschaftlern und Beratern geprüft. Aus der Unternehmenspraxis wurden das Tableau de Board, der J. I. Case-Ansatz, der Harman-Ansatz, der Caterpillar-Ansatz und der Skandia Navigator geprüft. Die Balanced Scorecard besticht in diesem Wettbewerbsfeld hauptsächlich durch ihre Ursache-Wirkungsketten und die Flexibilität in Bezug auf die Verwendung auf sämtlichen Performance-Ebenen.

Erdmann definiert Voraussetzungen, beschreibt die Struktur des Frameworks und schlägt letztendlich Maßgrößen für die einzelnen Perspektiven vor. Das Modell basiert auf zwei Voraussetzungen:

1. Es liegt eine ausformulierte Supply-Chain-Strategie vor. Die Balanced Scorecard unterstützt die Strategieimplementierung, nicht den Strategiefindungsprozess.
2. Den Anwendern ist es möglich die vorhandenen Ursache-Wirkungsbeziehungen zu identifizieren.[144]

Die Struktur des Frameworks besteht aus zwei Komponenten: einem Ebenenmodell und einem Perspektivenmodell.

Das Ebenenmodell beschreibt die Verknüpfung der Balanced Scorecard für die Supply Chain mit den entsprechenden Supply-Chain-Mitgliedern bis hin zu den Arbeitsplätzen. Im Wesentlichen geht es um die Einführung einer unternehmensübergreifenden Balanced Scorecard

(Supply-Chain-Ebene), welche mit so genannten Segmentebenen auf der nächsten Hierarchiestufe verknüpft und über die Unternehmens- und Funktionsebene bis auf die Mitarbeiterebene kaskadiert wird.[145]

Das Perspektivenmodell beinhaltet eine strukturelle Modifikation der traditionellen Balanced-Scorecard-Perspektiven. Auf der Supply-Chain-Ebene werden die Perspektiven um die Kooperationsperspektive ergänzt. „Ein wesentliches Ziel dieser Perspektive ist die Erhöhung des Vertrauens"[146], ein wesentlicher Erfolgsfaktor jeder Supply-Chain-Kooperation. Auf der Supply-Chain-Segmentebene wird ebenfalls die Kooperationsperspektive eingesetzt, die Kundenperspektive wird nur in endverbrauchernahen Segmenten eingesetzt.

Erdmann präsentiert eine Auswahl von Zielen für jede Perspektive und jede betrachtete Ebene. Er sagt explizit, dass eine allgemeine Maßgrößenvorgabe wenig Sinn macht. Er ist jedoch der Überzeugung, dass es diverse strategieneutrale Maßgrößen gibt, die – jedoch in anderer Ausprägung – immer wieder in Supply Chain Scorecards vorkommen.[147] Als strategische Ziele der Finanzperspektive konzentriert er sich auf die Verbesserung der Objekte Wert, Erfolg, Liquidität, Rentabilität, Umsatz und Kosten.

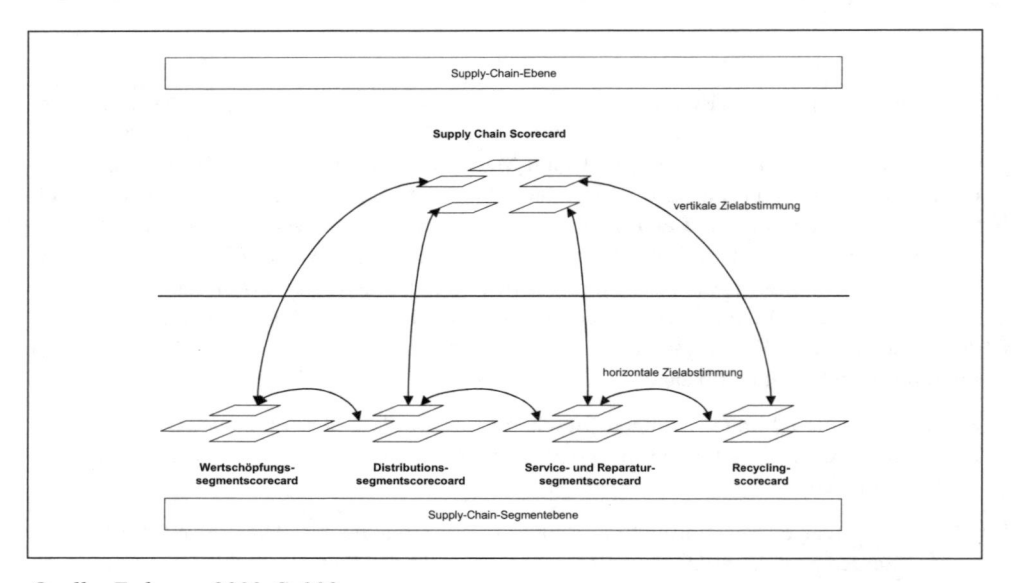

Quelle: Erdmann 2003, S. 200
Abbildung 20: *Vertikale und horizontale Zielabstimmung*

Erdmanns Vorschlag eines Referenzmodells ist in zwei Punkten bemerkenswert. Erstens erläutert er ausführlich die notwendige horizontale und vertikale Zielabstimmung der dezentralen Supply Chain Scorecards. Zweitens gibt er eine gute Anleitung zur Ableitung der Maßgrößen und liefert zugleich umfangreiche Vorschläge inklusive Berechnungsmodell. Abbildung 20 zeigt die horizontale und vertikale Zielabstimmung zwischen der Supply-

Chain-Ebene und der Supply-Chain-Segmentebene. Eine Einführung von Segment-Scorecards für die Bereiche Wertschöpfung, Distribution, Service und Reparatur sowie Recycling ist dem Konzept von Handfield/Nichols übernommen.[148] Das Konzept macht die drei Ebenen des Supply-Chain-Controllings greifbar. Die Kennzahlen der Supply-Chain-Ebene sind in der Supply Chain Scorecard abgebildet und unterliegen der vertikalen Zielabstimmung. Die Kennzahlen der relationalen Ebene sind über die horizontale Zielabstimmung abgebildet und die Unternehmensebene über die Segmentscorecards.

2.4 Otto

Otto konstruiert auf Basis der Netzwerktheorie ein Management- und Controllingkonzept für Supply Chain Management. Die Netzwerktheorie gibt einen Analyserahmen vor. Zur Untersuchung von Unternehmensverbindungen kann ein Netzwerk in Partialnetze zerlegt werden, die das gesamte Netzwerk stets über ein anderes Analyseobjekt untersuchen.[149] Konstituierendes Merkmal dieser „Partialnetze ist das jeweils durchfließende Objekt."[150] Otto identifiziert für Supply Chain Management vier Partialnetze: das institutionale Netzwerk, das soziale Netzwerk, das Güternetzwerk sowie das Datennetzwerk.[151] Auf Basis dieses Analyserahmens entwirft Otto eine netzwerkorientierte Balanced Scorecard. Die Perspektiven dieser Balanced Scorecard sind im Unterschied zu Kaplan und Norton jedoch nicht Finanzen, Kunden, Prozesse, Lernen und Entwicklung, sondern Partialnetze. Wie bei den Ursache-Wirkungsketten der Perspektiven der Balanced Scorecard bestehen diese Interdependenzen auch zwischen den einzelnen Maßgrößen der Partialnetze.[152] Ein Vorschlag für diese netzwerkorientierte Balanced Scorecard ist in Abbildung 21 dargestellt.

Bezeichnung der Potenzial Netze	Knoten	Kanten und Austauschobjekte
Institutionales Netzwerk	Unternehmen, zentrale Koordinationsinstanzen	Kooperationsverträge (Rechte und Pflichten); Kapitalbeteiligungen (Kapital); Interlocks (Interessen)
Soziales Netzwerk	Entscheider	Persönliche Beziehung (Interessen)
Güternetzwerk	Transfermechanismen, Transformationsmechanismen	Transportsysteme (Güter und Dienstleistungen)
Datennetzwerk	Informationsverarbeitungssysteme (Mensch oder Maschine)	Kommunikationskanal (Daten)

Quelle: Otto 2002, S. 249
Abbildung 21: *In der Analyse zu unterscheidende Partialnetze*

Das Konzept von Otto eignet sich gut für eine Analyse der Zusammenhänge, für eine Steuerung der Strategieimplementierung ist es jedoch zu praxisfern. Die Zusammenhänge zur Balanced Scorecard sind weniger natürlich als konstruiert. Die unterstellte Verwandtschaft lässt sich einem Management, welches bereits im eigenen Unternehmen mit der traditionellen Balanced Scorecard arbeitet, schwer vermitteln.

2.5 Stölzle, Heusler und Karrer

Stölzle, Heusler und Karrer passen das Balanced-Scorecard-Konzept auf die Besonderheiten des Supply Chain Managements an. Hierfür greifen sie auf den Analyserahmen von Cooper, Lambert und Pagh zurück.[153] Als Haupthindernis bei der Umsetzung von Supply Chain Management gilt die schwierige Analyse von Zusammenhängen zwischen Ursache und Wirkung. Dieses Problem wird durch die Determinanten **Dynamik, Komplexität und Intransparenz** verursacht.[154] Auch Zäpfel und Piekarz beschreiben den Regelungsprozess innerhalb der Wertschöpfungskette als komplexen, dynamischen und intransparenten Vorgang.[155]

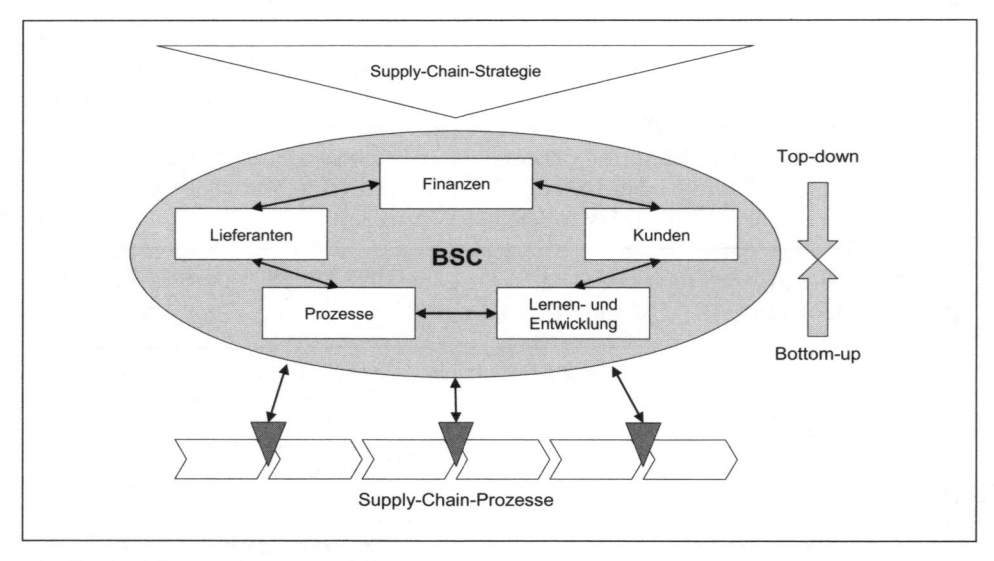

Quelle: Stölzle/Heusler/Karrer 2001, S. 81
Abbildung 22: *Implementierung der BSC durch das Top-down-/Bottom-up-Vorgehen*

Aus dieser Problematik leiten Stölzle/Heusler/Karrer eine inhaltlich und strukturell modifizierte Balanced Scorecard ab. Inhaltlich werden von ihnen Merkmale und Beispiele für Supply-Chain-spezifische Maßgrößen genannt. Strukturell erweitern sie die Balanced Score-

Evaluierung existierender Konzepte

card um eine Lieferantenperspektive.[156] Neu in diesem Zusammenhang ist die Integration eines Top-down- und Bottom-up-Ansatzes, dargestellt in Abbildung 22. Dieses Vorgehen entspricht weithin dem Ansatz der **selektiven Kennzahlen** von Weber. Die Autoren versprechen sich von diesem Vorgehen eine bessere Akzeptanz und eine bessere Implementierung der Strategie.

In einem Ausblick werden konkrete Anwendungsfelder vorgeschlagen. Hier sehen sie die drei Perspektiven Finanzen, Prozesse und Lernen und Entwicklung als zentral. Die weiteren Perspektiven Kunden und Lieferanten könnten jeweils zur Koppelung von vorgelagerten und nachgelagerten Einheiten der Wertschöpfungskette dienen.[157]

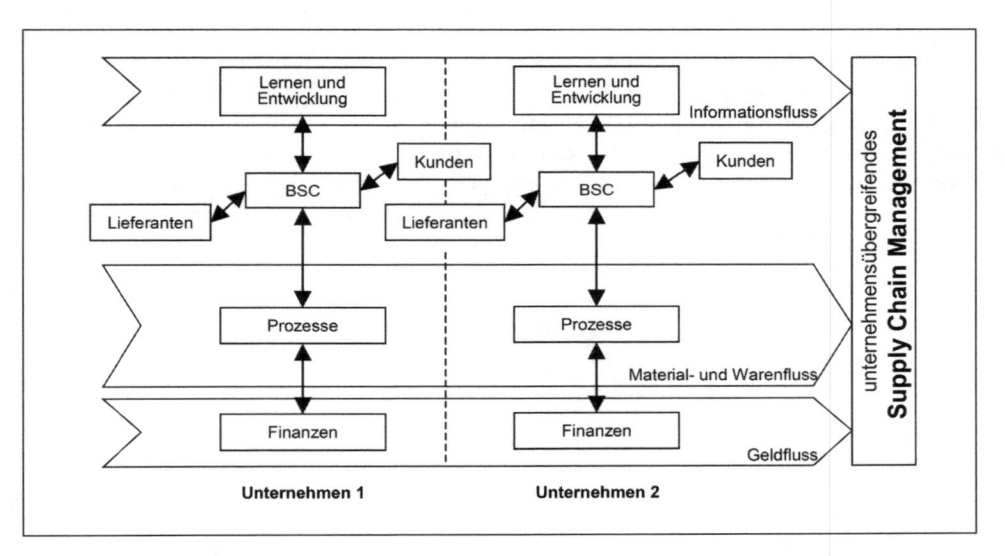

Quelle: Stölzle/Heusler/Karrer 2001, S. 82
Abbildung 23: *Verknüpfung von Balanced Scorecards*

2.6 Weber

Bacher/Groll/Weber beschäftigen sich allgemein mit Supply-Chain-Controlling und wählen die Balanced Scorecard beispielhaft als Instrument aus, da sie gut mit der Supply-Chain-üblichen Komplexität umgehen kann und weit in den Unternehmen verbreitet ist.[158] Supply Chain Management ist die „letzte Phase der Entwicklung der Logistik"[159] und weitet den Blick der Flussorientierung über die Unternehmensgrenzen hinweg. Diese übergreifende Koordination verlangt nach Zusammenarbeit und Vertrauen, die ihrerseits Treiber des Erfolgs sind. Aus dieser Annahme heraus ergeben sich zwei neue Perspektiven für die Balanced Scorecard: die Kooperationsquantität sowie die Kooperationsqualität.[160]

Die Modifikation von Bacher/Groll/Weber umfasst eine inhaltliche und eine strukturelle Komponente. Inhaltlich legt sich Weber auf die ausschließliche Verwendung von Supply-Chain-bezogenen Kennzahlen fest, die in ihrer Mehrheit unternehmensübergreifend sein sollen.[161] Die strukturelle Anpassung geht weiter. Die Balanced Scorecard für Supply Chains soll eine unternehmensübergreifende sein, die in die jeweiligen Logistik-Scorecards der Einzelunternehmen zu integrieren ist.[162] Die neuen Perspektiven Kooperationsqualität und Kooperationsintensität kommen hinzu, die Perspektiven Kunden, Lernen und Entwicklung fallen weg. Was leisten die neuen Perspektiven, warum fallen die zwei anderen Perspektiven weg?

Die **Kooperationsintensität** soll die harten Faktoren der Zusammenarbeit abbilden und nach vorne treiben. Dies kann zum Beispiel über die Anzahl gemeinsamer Datensätze gemessen werden. Die **Kooperationsqualität** soll die weichen Faktoren berücksichtigen, auch unter dem Schlaglicht einer weitergehenden Zusammenarbeit – einer Kollaboration – werden diese Faktoren immer wichtiger. Entsprechende Maßgrößen wären hauptsächlich Indizes aus Umfragen, z. B. zur Zufriedenheit, zum Vertrauen, oder Messungen über die Anzahl unkooperativ ungelöster Konflikte.[163]

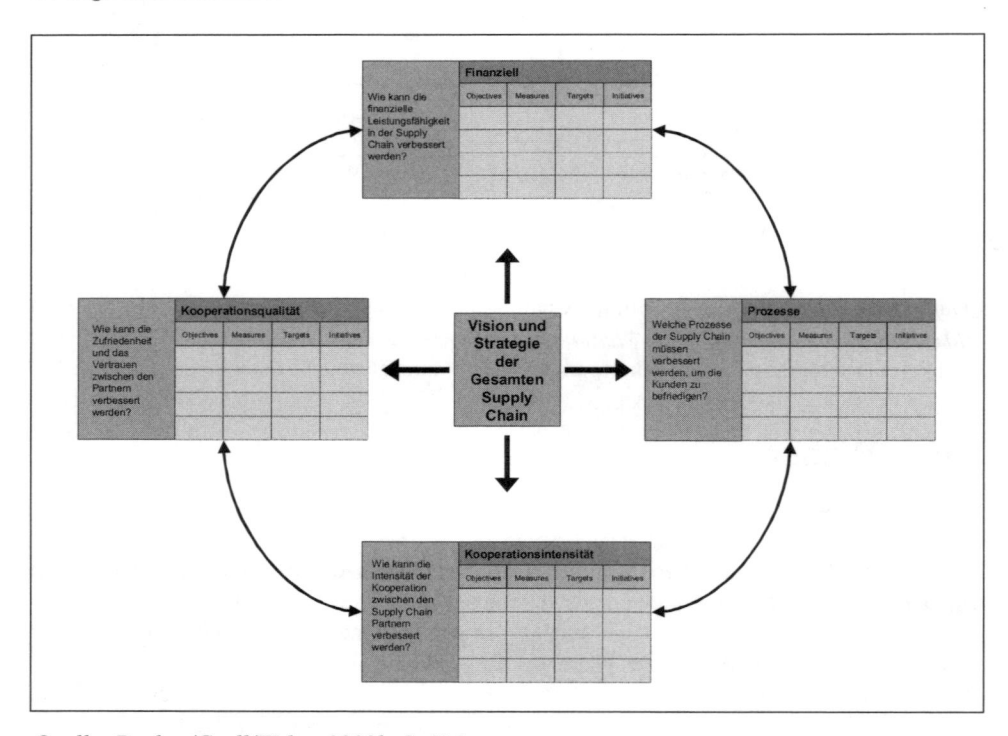

Quelle: Bacher/Groll/Weber 2003b, S. 319
Abbildung 24: *Die Balanced Scorecard für das Supply-Chain-Controlling*

Evaluierung existierender Konzepte

Die Kundenperspektive fällt weg, da in der Regel nur das letzte Unternehmen innerhalb der Supply Chain eine Endkundenbeziehung aufweist. Die Supply-Chain-Strategien bezogen auf den Endkunden werden in der Supply Chain Balanced Scorecard auf ihre Auswirkungen auf die Prozesse überprüft und schließlich auf diese heruntergebrochen. Die Lern- und Entwicklungsperspektive ist jedem Einzelunternehmen zuzuordnen. Dort werden die Grundsteine für die weitere Entwicklung gelegt. Die jeweiligen Resultate der Einzelanstrengungen finden sich in den Perspektiven Kooperationsintensität und Kooperationsqualität wieder.[164]

Der Bedarf zur Einführung einer kooperationsbezogenen Perspektive wird bei der Arbeit von Weber deutlich. Die Unterscheidung zwischen Intensität und Qualität scheint sinnvoll, deren Aufteilung in zwei getrennte Perspektiven jedoch nicht. Die Prozessperspektive umfasst auch harte und weiche Faktoren. Die Integration von Früh- und Spätindikatoren, von harten und weichen Kennzahlen ist eine Stärke der Balanced Scorecard. Des Weiteren ist die Ausklammerung der Lern- und Entwicklungsperspektive sowie der Kundenperspektive nicht stringent. Die kompromisslose Konzentration der Supply Chain auf den Endkunden kann als wichtiges Argument für die Beibehaltung und Stärkung einer Kundenperspektive gesehen werden.

2.7 Werner

Grundlage der „**generischen** Scorecard"[165] von Werner ist die Struktur der Balanced Scorecard nach Kaplan/Norton. Werner erweitert die BSC in Bezug auf Supply Chain Management um zwei Punkte, um eine Erweiterung der Kunden- zu einer Marktperspektive sowie einer Restriktion für kaskadierte Balanced Scorecards.[166]

Durch die neue Sichtweise des Supply Chain Managements übernimmt Werner aus der Wertschöpfungskette von Porter die Idee, eine Marktperspektive einzuführen, welche die Möglichkeit der Integration von Konkurrenz- und Lieferantenattributen schaffen soll.[167] Innerhalb dieser Perspektive sollen die Faktoren Kosten, Zeit, Qualität, Flexibilität und Umwelt dominierend sein.[168] Ein besonderer Vorteil der Marktperspektive ist die Auflösung der Spannungsverhältnisse zwischen einem Market-Based-View und einem Resource-Based-View.[169]

Als Restriktion für die Kaskadierung der Balanced Scorecard nennt Werner die Verknüpfung mit übergeordneten Scorecards genauso wie mit Scorecards auf derselben Ebene.[170] Dies unterstützt die Auflösung der funktionsorientierten Zielsetzung hin zu einer prozessorientierten.

Kritisch anzumerken bleibt, dass dieser Entwurf eher eine Balanced Scorecard für das Supply Chain Management eines Unternehmens darstellt als ein Instrument zum Management von Supply Chains. Erkennbar wird dies durch nicht vorhandene Vorschläge für unternehmensübergreifende oder Supply-Chain-weite Maßgrößen.

2.8 Zimmermann

Zimmermann entwickelt eine Supply Chain Balanced Scorecard entlang der Vorgaben der traditionellen Balanced Scorecard. Dabei verzichtet er im Gegensatz zu anderen Autoren auf den Vorschlag einer generischen oder beispielhaften Struktur oder eines solchen Inhalts. Er beschreibt vielmehr Merkmale, die eine Supply Chain Balanced Scorecard haben müsste. Der Grund hierfür ist eine Prämisse: „ein für alle Kontextsituationen stets passendes System [ist] nicht gestaltbar"[171].

Zimmermann sieht für die Supply Chain Balanced Scorecard folgende Aufgaben:

- Schaffung von Transparenz
- Unterstützung der Strategieimplementierung
- Kommunikationsunterstützung
- Vertrauensförderung[172]

Abbildung 25 zeigt eine Gegenüberstellung von Merkmalen der traditionellen Balanced Scorecard und der Supply Chain Balanced Scorecard. Als wirklich fundamental neues Merkmal hat Zimmermann die unternehmensübergreifenden Maßgrößen eingeführt, welche anschließend kurz dargestellt werden sollen.

Merkmale	Traditionelle BSC	Supply Chain BSC
Ausgewogenheit der Messgrößen	Balance von finanziellen und nicht-finanziellen Messgrößen, Ergebnisgrößen und Leistungstreibern sowie externen und internen Messgrößen	Dito
Perspektiven der Messgrößen	Perspektivenwahl passend zur Strategie	Dito
	Unternehmensspezifisch	Supply-Chain-spezifisch
	Orientierung: „Vier-Perspektiven-Balanced Scorecard"	Dito. Darüber hinaus kann die Abbildung einer Kooperationsperspektive sinnvoll erscheinen
Messgrößenableitung aus der Strategie	Grundlage: In der unternehmerischen Praxis die Geschäftsbereichs- oder die Gesamtunternehmensstrategie	Grundlage: Supply-Chain-Strategie

Fokussierung auf eine übersichtliche Messgrößenanzahl	Empfehlung ca. 15-20 Kennzahlen Maßgeblicher ist jedoch, dass sich die Messgrößen auf nur eine Strategie beziehen.	Dito
Ursache-Wirkungsbeziehungen	Zwischen den strategischen Zielen Zwischen den Kennzahlen	Dito Dito
Hierarchisierung	Intraorganisatorisch	Interorganisatorisch
Unternehmensübergreifende Messgrößen	Nicht zutreffend	Messgrößen, welche die gesamte Supply Chain umspannen Nebeneinander von unternehmensübergreifenden und unternehmensbezogenen Messgrößen

Quelle: Zimmermann 2003, S. 151
Abbildung 25: *Vergleich traditionelle BSC und SCBSC*

Unternehmensübergreifende Maßgrößen bilden die Leistung mehrerer Akteure der Supply Chain ab oder fassen diese zusammen. Dies ist nötig, um den Besonderheiten der Supply Chain gerecht zu werden. Mit diesen Maßgrößen können Zielkonflikte aufgedeckt, strategische Stoßrichtungen synchronisiert, die Gesamtleistung bewertet und „partielle Effizienzsteigerungen auf Kosten des Gesamtoptimums"[173] vermieden werden. Ein Beispiel für eine unternehmensübergreifende Maßgröße ist die Cash-to-Cash Cycle Time. Unternehmensübergreifende Maßgrößen werden mit unternehmensbezogenen Maßgrößen verknüpft. Die individuelle Leistung der Akteure wird transparent, und Verbesserungspotenziale können analysiert werden.[174]

Die Stärke des Konzeptes ist die wissenschaftliche Auseinandersetzung mit den besonderen Anforderungen des Supply Chain Managements, die Einordnung der Balanced Scorecard und des Supply Chain Managements in verschiedenste Kontexte und in die Fallbeispiele aus der Praxis. Eine neue strukturelle Veränderung ist das Konzept der unternehmensübergreifenden Maßgrößen, eine Schwäche ist die weitestgehend kommentarlose Übernahme des traditionellen Vier-Perspektiven-Modells.

3. Auswertung

Die Gegenüberstellung von Konzepten und Anforderungen findet sich in Abbildung 26. Im Folgenden wird die Auswertungssystematik erläutert, und es werden Schlussfolgerungen aus dem Ergebnis gezogen. Die Schlussfolgerungen und Erkenntnisse fließen in das Konzept der Supply Chain Balanced Scorecard ein.

3.1 Aufbau

Die Anforderungen und Konzepte spannen eine Bewertungsmatrix auf. Die Anforderungen sind horizontal-oben auf der Abbildung eingetragen, die Konzepte vertikal-links. Jede Anforderung wird für jedes Konzept bewertet. Es existieren drei Zustände: leere Scheibe, halb volle Scheibe und volle Scheibe.

- Leere Scheibe
  Eine leere Scheibe bedeutet, dass die Anforderung nicht oder nur ungenügend berücksichtigt wurde. Eine reine Ansprache der Problematik reicht nicht aus, um eine höhere Bewertung zu erreichen.
- Halb volle Scheibe
  Die Problemstellung wurde erkannt und erörtert. Dies schließt nicht unbedingt einen vollständigen Lösungsweg mit ein. Ein klares Aufzeigen der Problematik und eine Integration in das Gesamtkonzept sind ausreichend für diese Bewertung.
- Volle Scheibe
  Die Problemstellung wurde erkannt und das Problem klar dargestellt. Ein Lösungsweg wird skizziert, eine Integration in das Gesamtkonzept ist vorgenommen worden.

Bei der Bewertung handelt es sich um eine relative Bewertung, der Vergleichsmaßstab wird relativ gering angesetzt, um eine ausreichende Differenzierung erreichen zu können. Auch eine volle Scheibe steht nicht für ein vollständiges Konzept, sondern für eine Vorreiterrolle innerhalb des Bewertungsfeldes.

Eine Auswertung findet in zwei Dimensionen statt: Es erfolgt eine Einzelbewertung des Konzeptes sowie eine Einzelbewertung über die Abdeckung der Anforderungen. Die Konzeptbewertung errechnet sich aus dem arithmetischen Mittel der Summe der Einzelbewertungen eines Konzeptes. Die Gesamtwertung eines Konzeptes kann so mit derjenigen der anderen Konzepte verglichen werden. Die Konzeptbewertung befindet sich auf der rechten Seite der Abbildung. Die Anforderungsbewertung errechnet sich aus dem arithmetischen Mittel der Summe der Einzelbewertungen. Die Gesamtwertung einer Anforderung ist eine

Evaluierung existierender Konzepte

Aussage über die vorhandene konzeptionelle Tiefe. Aus niedrigen Wertungen in dieser Kategorie kann ein Handlungsbedarf für die Konzeption einer Supply Chain Balanced Scorecard abgeleitet werden. In der rechten unteren Ecke der Abbildung befindet sich eine Gesamtwertung.

Beispiele:

- Die Anforderung „Vorgehensweise zur Generierung von Kennzahlen" wird durch das Konzept von Brewer und Speh sehr gut erfüllt (volle Scheibe). Es sind detaillierte Anweisungen zur Herleitung vorhanden und zusätzliche Beispiele hinterlegt.
- Die Anforderung „Netzwerkübergreifende Abstimmung" wird im Konzept von Werner nicht berücksichtigt (leere Scheibe).
- Insgesamt erfüllt das Konzept von Otto die Anforderungen nur unzureichend (leere Scheibe in der Kategorie Beurteilung).

Insgesamt wird die Anforderung „netzwerkinterne Synchronisation" durch bestehende Konzepte schon aufgegriffen und ist teilweise bereits konzeptionell erarbeitet (halbe Scheibe in der Kategorie Handlungsbedarf).

Konzept \ Anforderungen	Strukturinduziert			Prozessinduziert			Managementinduziert			Gesamt (Beurteilung)
	Netzwerkübergreifende Abstimmung	Netzwerkinterne Synchronisation	Transparenz der Mitgliedschaft	Optimierung der Schnittstellen	Überprüfung der Ursache-Wirkungszusammenhänge	Transparenz der Performance	Synchronisation von Führungsprozessen	Erhöhung des Return on Management	Vorgehensweise zur Generierung von Kennzahlen	
Brewer/Speh	◐	●	O	◐	O	●	◐	●	●	◐
Erdmann	◐	◐	O	◐	◐	◐	O	O	◐	◐
Otto	O	O	O	◐	O	O	O	O	O	O
Stölzle/Heusler/Karrer	◐	●	◐	◐	◐	◐	◐	O	◐	◐
Weber	◐	◐	◐	◐	◐	◐	◐	◐	◐	◐
Werner	O	◐	O	O	O	O	O	O	O	O
Daldrup/Lange/Schaefer	◐	◐	O	O	O	◐	O	O	O	O
Zimmermann	◐	◐	◐	◐	◐	◐	◐	●	◐	◐
Gesamt (Handlungsbedarf)	◐	◐	O	◐	◐	◐	O	O	◐	◐

Abbildung 26: *Beurteilung und Handlungsbedarf in Bezug auf die Anforderungen*

3.2 Schlussfolgerung

Die Auswertung bestehender Konzepte hat gezeigt, dass ein umfassendes Konzept zur Supply Chain Balanced Scorecard noch nicht existiert. Das Themenfeld ist inhaltlich wie auch strukturell noch in der Entstehungsphase. Strukturell sind noch Fragen zur Anwendung der Balanced Scorecard im Supply Chain Management offen:

- Was ist die Aufgabe der Balanced Scorecard in einer Supply Chain?
- Wie kann das Kaskadierungskonzept im SCM-Umfeld angewendet werden?
- Wie sind Ursache-Wirkungsketten zu integrieren?
- Welche generische Perspektivenwahl erscheint sinnvoll?

Inhaltlich stellt sich die Frage nach der Ausgestaltung der in der Balanced Scorecard verwendeten Key Performance Indicators. Das Konzept integrierter Maßgrößen ist bereits angedacht, jedoch noch nicht anwendungsfähig. Brewer/Speh haben bereits wegweisende Vorschläge erarbeitet, die Grundlagen für die Umsetzung fehlen noch. So ist z. B. eine unternehmensübergreifende Prozesskostenrechnung ein großer Hinderungsgrund zur Implementierung von Supply-Chain-weiten, kostenorientierten Kennzahlen.

Der Fokus soll im Folgenden auf die strukturelle Anpassung der Balanced Scorecard an Supply-Chain-Management-Szenarien gelegt werden. Dabei stehen vier zentrale BSC-Bestandteile im Vordergrund:

- Perspektiven
- Key Performance Indicators
- Kaskadierung
- Ursache-Wirkungsketten

Das sind die Grundlagen für weitere Diskussionen der Supply Chain Balanced Scorecard in diesem Buch. Nach einer Klärung dieser Grundlagen können stärker implementierungsabhängige Konzepte erarbeitet werden. Basis für weitere Erarbeitungen ist ein gemeinsames Verständnis von Architektur und Funktionsweise dieses Controllinginstruments für Theorie und Praxis.

Teil III
Konzept und Fallstudie

Konzept der Supply Chain Balanced Scorecard

Auf der Grundlage der Analyse der vorangegangenen Kapitel wird im Folgenden das Konzept der Supply Chain Balanced Scorecard (SCBSC) vorgestellt. Kapitel 1 legt die Grundlagen durch eine Definition des Begriffs sowie der Ziele und Aufgaben. Kapitel 2 stellt in einer Übersicht die Architektur der Supply Chain Balanced Scorecard vor. Kapitel 3 stellt die Perspektivenstruktur vor. Innerhalb der Perspektiven werden die strategischen Ziele durch Key Performance Indicators abgebildet. Diese müssen in einem Supply-Chain-Umfeld besonderen Anforderungen genügen und werden in Kapitel 4 aufgestellt. Die Balanced Scorecards müssen horizontal und vertikal miteinander verknüpft werden. Das Vorgehen und die Besonderheiten im SCM-Umfeld werden in Kapitel 5 konzipiert. Die Ursache-Wirkungsketten verknüpfen die Ziele bzw. Key Performance Indicators über die Perspektiven und Balanced Scorecards hinweg und sind gleichsam eine Hypothese der Supply-Chain-Strategie. Die Struktur und die Merkmale der Ursache-Wirkungsketten werden in Kapitel 6 analysiert.

1. Grundlagen

Die Grundlagen umfassen eine Definition des Begriffs sowie der Ziele und Aufgaben der Supply Chain Balanced Scorecard.

1.1 Definition

Wenn sich die Betrachtungsebene vom Unternehmen zur Supply Chain verschiebt, muss sich die Betrachtungsebene des Controllings und seiner Instrumente verschieben. Veränderte Betrachtungsebenen verlangen nach Modifikation der Instrumente.[175] Die Supply Chain Balanced Scorecard ist ein solches modifiziertes Instrument. Basierend auf der Balanced Scorecard wird sie den Anforderungen von Supply Chains angepasst. Auf Grundlage der Definition von Zimmermann[176], den Anforderungen an einen Balanced-Scorecard-basierten Ansatz, der Hypothese von Otto[177] und den Zielsetzungen und Eigenheiten des Supply Chain Managements gilt folgende Definition:

Definition Supply Chain Balanced Scorecard

Die Supply Chain Balanced Scorecard ist das Performance-Measurement-System der Führung von Supply Chains. Sie koordiniert divergierende Ziel- und Interessensysteme der Supply-Chain-Akteure nach den Vorgaben des Supply Chain Managements. Die Supply Chain Balanced Scorecard ist ein Instrument zur Strategieimplementierung und Prozessoptimierung.

Zur erfolgreichen Anwendung der Supply Chain Balanced Scorecard sind folgende Voraussetzungen[178] zu schaffen:

- Eine zwischen den Supply-Chain-Akteuren abgestimmte Supply-Chain-Strategie liegt bereits vor und ist akzeptiert.[179]

- Durch entsprechende Fokussierung in den Bereichen Struktur, Prozesse und Management ist es dem Führungspersonal möglich, die Ursache-Wirkungszusammenhänge der Kennzahlen und strategischen Ziele im Wesentlichen zu verstehen.[180]

Alle Supply-Chain-Akteure haben bereits eine Balanced Scorecard eingeführt. Dies sichert zum einen, dass jeder Akteur seine eigene Strategie und seine Ziele kennt und dadurch Zielkonflikte frühzeitig erkannt werden können, zum anderen ist es die Dokumentation einer gewissen Reife in Bezug auf die Balanced Scorecard. Es handelt sich bei der Balanced Scorecard um ein nicht triviales Instrument. Die Einführung und die Kaskadierung der Ziele hat einen Einfluss auf die gesamte Organisation.

1.2 Ziele und Aufgaben

„Primäre Zielsetzung der Supply Chain Balanced Scorecard besteht in der Unterstützung der Supply Chain-Führung bei der Steuerung der Wertschöpfungskette und der Erhaltung und Initiierung von Erfolgspotentialen."[181]

Die Erhaltung von Erfolgspotenzialen wird durch die Eignung der Supply Chain Balanced Scorecard für die Strategieimplementierung erreicht, das Initiieren von Erfolgspotenzialen im Rahmen der ständigen Überprüfung der Strategie und der Prozesse hinsichtlich einer Verbesserungsmöglichkeit. Bei den Aufgaben der Supply Chain Balanced Scorecard ist zwischen strukturellen und inhaltlichen Aufgaben zu unterscheiden. Strukturelle Aufgaben beziehen sich auf das Design des Performance-Measurement-Systems, inhaltliche Aufgaben auf deren konkrete Ausgestaltung durch die Supply-Chain-Führung.

Inhaltliche Aufgaben sind:

- Transparenz der Mitgliedschaft
- Transparenz der Wettbewerbsvorteile
- Optimierung der Schnittstellen
- Transparenz der Performance
- Erhöhung des Return on Management

Strukturelle Aufgaben sind:

- Netzwerkübergreifende Abstimmung
- Netzwerkinterne Synchronisation
- Überprüfung der Ursache-Wirkungszusammenhänge
- Vorgehensweise zur Generierung von Kennzahlen

Die strukturellen Aufgaben werden in den folgenden Abschnitten behandelt und zu einem System gebündelt. Die inhaltlichen Aufgaben müssen im Einzelfall gelöst werden.

2. Architektur

Die Integration der Supply Chain Balanced Scorecard in die vorhandenen Performance-Measurement-Systeme, die Perspektivenstruktur sowie die Strategiekarte sind die konzeptionellen Merkmale der Architektur.

2.1 Scorecardintegration

Die Supply Chain Balanced Scorecard muss sich in bestehende Balanced-Scorecard-Systeme integrieren. Es sind zwei Fälle zu unterscheiden: eine **interorganisationale** Supply Chain und eine **intraorganisationale** Supply Chain. Bei interorganisationalen Zusammenschlüssen mit Hilfe von Supply Chain Management steht die Supply Chain Balanced Scorecard über den bereits vorhandenen Balanced Scorecards der Einzelunternehmen. Dabei ist die Supply Chain Balanced Scorecard für die Strategieimplementierung der ausgewählten Supply-Chain-Prozesse verantwortlich, sie betrifft in ihren Zielen somit nur einen Teilbereich der beteiligten Organisationen. Bei intraorganisationalen Supply Chains wird die Supply Chain Balanced Scorecard zur Prozess-Scorecard, ihre Ziele beeinflussen dann nicht mehr hauptsächlich die Unternehmensziele, sondern die Unternehmensziele werden auf die Prozessebene heruntergebrochen und dienen als Vorgabe für die Supply Chain Balanced Scorecard. Abbildung 27 zeigt die zwei möglichen Integrationsorte der Supply Chain Balanced Scorecard: übergeordnet und als Prozess-Scorecard mit einem verantwortlichen Funktionsbereich.

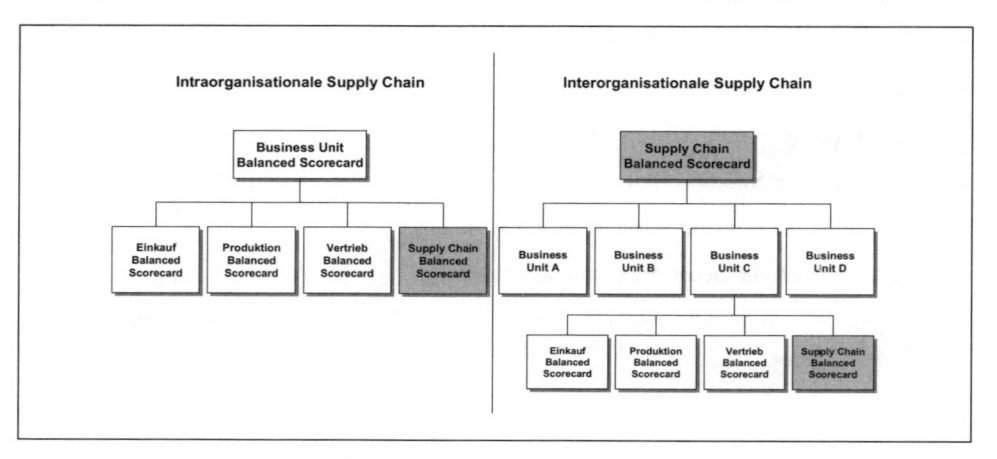

Abbildung 27: *Integrationsmöglichkeiten der Supply Chain Balanced Scorecard*

2.2 Perspektivenstruktur

Perspektiven sind die Objekte, Prozesse, Stakeholder, Ergebnisse oder Handlungen, welche so dominierend sind, dass sie als Denkraster verwendet werden können.[182] Für die besondere Anwendung im Supply Chain Management wurden bereits Perspektivenvorschläge gemacht, wenn auch einige Autoren der Ansicht sind, es sei eine spezifische Angelegenheit und man könne keine generische Scorecard vorschlagen.[183] Mit Sicherheit ist es immer eine spezifische Angelegenheit, auch Kaplan/Norton entwickelten **neue Perspektiven** für neue Anforderungen.[184] Trotzdem ist die generische Balanced Scorecard für Unternehmen mit den vier bekannten Perspektiven als Beispiel und allgemeines Raster sinnvoll.[185] Demzufolge ist auch ein Vorschlag für Supply Chain Management zu unterbreiten. Hierbei handelt es sich jedoch um einen Strukturvorschlag, der die inhaltliche Ausgestaltung dem Einzelfall überlässt. Auch Horváth ist der Auffassung, dass Referenz-Scorecards mit Referenz-Zielen für einzelne Branchen oder Szenarien keinen Sinn machen, da Strategien unternehmensspezifisch sind.[186]

Dominierender Aspekt unter den vorhandenen Ansätzen ist die Kooperation. Sie ist direkt vorhanden bei Weber und Erdmann, als Marktperspektive bei Werner, als Lieferantenperspektive bei Stölzle. Kooperation ist kein Selbstzweck, sondern Mittel zum Zweck und muss daher einen Zusammenhang mit den übrigen Perspektiven haben. Eine Supply Chain Balanced Scorecard kann die Kooperationsperspektive auf Supply-Chain-Ebene einführen. Die Kundenperspektive deckt nur noch die tatsächliche **Endkundenbeziehung** ab, die Kooperationsperspektive die **Zusammenarbeit der Akteure.** Weber schlägt unter anderem diese Kooperationsperspektive vor[187], lässt jedoch dafür die Kundenperspektive weg, mit der Begründung, dass der Endkunde nur für den Endproduzenten eine Bedeutung hätte.[188] Dies ist mit der hier verwendeten Definition von Supply Chain Management nicht zu vereinbaren. Auch für n-Tier-Supplier ist der Endkunde der bestimmende Faktor und als eigenständige Perspektive zu erhalten. Die Auffassung des Wegfalls der Lern- und Entwicklungsperspektive[189] kann ebenfalls nicht nachvollzogen werden. Die Realisierung der Lern- und Entwicklungsaufgaben fällt auch in das Aufgabengebiet der Einzelakteure, die Entscheidungen werden jedoch in einem übergeordneten Supply-Chain-Gremium getroffen. Die technologische Infrastruktur ist ein Teilbereich der Lern- und Entwicklungsperspektive[190], eine strategische Maßnahme könnte die Schaffung einer internetbasierten Infrastruktur sein, die z. B. ein gemeinsames Demand Planning ermöglicht. Die Überwachung dieser Maßnahme wäre Teil der Lern- und Entwicklungsperspektive.

2.3 Strategiekarte

Die Strategiekarte umfasst die strategischen Ziele, welche in Ursache-Wirkungsbeziehungen über die Perspektiven hinweg in einen Zusammenhang gebracht wurden.[191] Die strategieabbildenden Ursache-Wirkungsbeziehungen sind Hypothesen über die Reaktion des Systems bei gegebenen Vorgehensweisen.[192] Vernetzungen mit der Umwelt sind nicht vorgesehen, da diese Abhängigkeiten explizit in der Strategie berücksichtigt werden. Ändert sich das Supply-Chain-Umfeld, muss die Strategie angepasst werden, woraufhin sich auch die Balanced Scorecard ändern muss.[193]

Die neue Perspektive Kooperation muss in die Strategiekarte integriert werden. Auf Supply-Chain-Ebene muss die Kooperationsperspektive zwischen der Lernen- und Wachstumsperspektive und der Prozessperspektive eingesetzt werden. Die Komponenten der Lern- und Wachstumsperspektive sind die Grundlage zur Kooperation innerhalb der Supply Chain. Die Kooperation selbst ist Voraussetzung für funktionierende, effektive, effiziente und flexible Supply-Chain-Prozesse.

Die neue, generische Strategiekarte ist in Abbildung 28 dargestellt. Sie ist das Standardbeispiel von Kaplan/Norton[194], erweitert um die Kooperationsperspektive. In diesem Beispiel führt das Wissen der Mitarbeiter zu einem geringeren Lagerbestand in der Supply Chain und zum Wegfall redundanter Aufgaben wie z. B. Warenausgangsprüfung beim Lieferanten und Wareneingangsprüfung beim Hersteller. Der geringere Lagerbestand führt zu einer höheren Prozessqualität; die Prozesse werden schlanker, da nicht mehr losgrößenorientiert auf Lager, sondern kundenorientiert auf Auftrag gefertigt wird. Die Vermeidung von Redundanzen führt zu einer Beschleunigung der Gesamtdurchlaufzeit. Die kürzere Gesamtdurchlaufzeit und die präzise gefertigten Aufträge führen zu einer hohen Liefertreue. Die hohe Liefertreue führt zu einer hohen Kundenloyalität. Die Kundenloyalität führt zu höheren Umsätzen und niedrigeren After-Sales-Kosten und dadurch zu einem höheren Return On Capital Employed (ROCE).

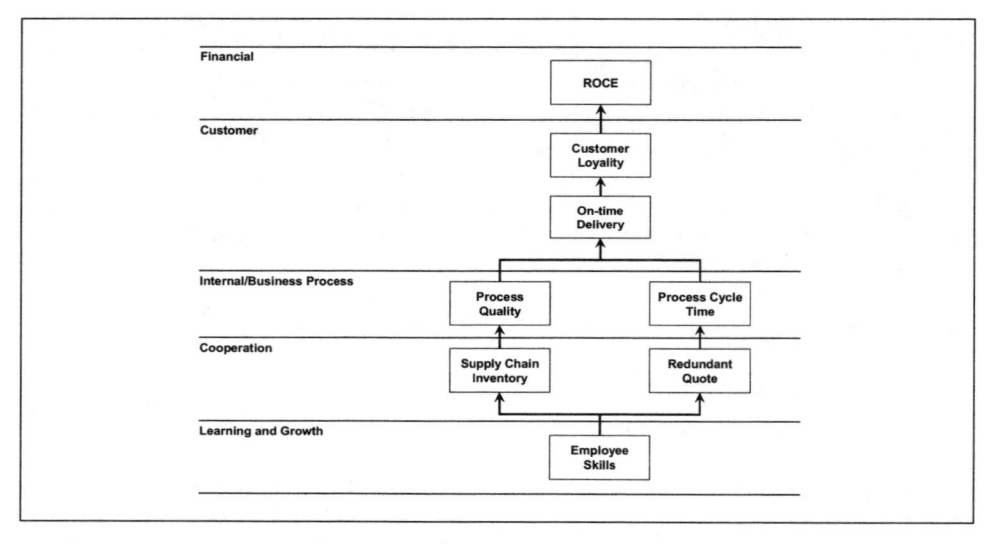

Quelle: Eigene Darstellung. Anlehnung an Kaplan/Norton 1996, S. 31
Abbildung 28: *Beispielhafte Supply-Chain-Stragiekarte mit Kooperationsperspektive*

3. Perspektiven

Im Folgenden werden die einzelnen Perspektiven der Supply Chain Balanced Scorecard näher beschrieben. Am Ende von jedem Kapitel befindet sich jeweils eine Tabelle mit Key Performance Indicators, die in dieser Perspektive verwendet werden könnten.

3.1 Finanzperspektive

"To succeed financially, how should we appear to our shareholders?"

Der Mehrwert, welcher durch eine Supply Chain geschaffen wird, muss gemessen und abgebildet werden. Interessant ist der Mehrwert für den Kunden, der **Mehrwert des Supply Chain Managements** als Alternative zur nicht aktiv gesteuerten Supply Chain sowie der Mehrwert jedes einzelnen Unternehmens. Nur auf Basis dieser Erkenntnisse lässt sich Supply Chain Management evaluieren und letztendlich auch einer Wirtschaftlichkeitsbetrachtung unterziehen. Wie andere Funktionen auch, muss Supply Chain Management seine Investitionen rechtfertigen.[195]

Burduroglu und Lambert schlagen sechs Maßgrößen vor, welche Supply Chain Management messen können[196]: Unter diesen Möglichkeiten nehmen wertorientierte Modelle eine besondere Stellung ein. Sie verhindern kurzfristig orientierte Verbesserungen zugunsten langfristiger Profitabilität durch das Konzept des Barwertes. Dabei werden zukünftige Zahlungsströme durch einen Kapitalkostensatz abgezinst und so ein Unternehmenswert ermittelt.[197] Unabhängig von den unterschiedlichen Methoden lassen sich Werttreiber bestimmen, die wiederum von der Logistik bzw. dem Supply Chain Management beeinflusst werden können. Die vier wesentlichen Treiber sind:

- Umsatzwachstum (Revenue Growth)
- Wirtschaftlichkeit des Anlagevermögens (Fixed Capital Efficiency)
- Reduktion der Betriebskosten (Operating Cost Reduction)
- Wirtschaftlichkeit des Umlaufvermögens (Working Capital Efficiency) [198]

Ist ein Hebel identifiziert, der für die **Wertsteigerung** der Supply Chain zentral ist, müssen für die folgenden Perspektiven die Treiber der nächsten Stufe identifiziert werden. Die Treiber aus dem Bereich Supply Chain Management für das Umsatzwachstum sind die einzelnen Teilmengen der Kategorie Lieferservice, zumindest innerhalb des Prozesses Order Fulfillment. Betrachtet man den Prozess Research & Development, wäre ein Treiber Time-to-Market.

Die Finanzperspektive hat wie die Prozessperspektive mit einer Bewertungsproblematik zu kämpfen. Zwar ist die Prozesskostenrechnung Voraussetzung für die Steuerung von Prozessen, die Implementierung ist jedoch noch nicht weit genug fortgeschritten. Selbst eine Implementierung der Prozesskostenrechnung bei jedem einzelnen Akteur wäre noch nicht ausreichend, das Konzept müsste Supply-Chain-weit eingeführt werden.

Am Beispiel des Return on Assets (RoA) soll die Supply-Chain-weite Berechnung der Kennzahlen illustriert werden:

$$\text{RoA} = \frac{\sum(\text{SC - NetIncome})}{\sum(\text{SC - Assets})}$$

Abbildung 29: *Return on Assets in Supply Chains*

Für eine Supply-Chain-weite Betrachtung des RoA muss zunächst der Supply-Chain-weite Nettogewinn berechnet werden. Diese Berechnung gestaltet sich sehr schwierig[199], eine exakte Erfassung ist jedoch einer standardisierten unterzuordnen. Eine Möglichkeit wäre, den kumulierten Stückgewinn auf Vollkostenbasis addiert über alle Wertschöpfungsstufen als Nettogewinn zu verwenden. Als Vermögen werden die für das Supply-Chain-Management-Szenario relevanten Vermögenswerte in die Supply Chain Bilanz eingestellt. Bei dieser Betrachtung entstehen zwei Entscheidungsprobleme:

- Wie hoch ist der Stückgewinn?
- Wie hoch ist das Supply-Chain-relevante Vermögen?

Innerhalb eines Unternehmens wird diese Problematik mit Direct Product Profitability oder Activity Based Costing gelöst. Diese Instrumente sind prinzipiell auch für Supply Chain Management Szenarien geeignet.[200] Durch eine Modifikation kann ein passendes Instrument entwickelt werden: Supply Chain Costing[201]. Dieses Instrument bringt jedoch Supply-Chain-typische Herausforderungen mit sich. Die Vorgehensweise zur Identifikation von Aktivitäten, zur Zuordnung von Ressourcen und zur Kostenbewertung müssen Supply-Chain-weit standardisiert sein. Langfristig sollte dieser Weg verfolgt werden, kurzfristig ist das wohl nicht möglich. Es gilt einfach zu handhabende Lösungen zu finden, die den Anforderungen gerecht werden und nach und nach abgelöst werden können. Wichtig für diese Lösungen ist, dass sie transparent, konsistent und nachvollziehbar sind.

Abbildung 30 zeigt eine beispielhafte Rechnung für zwei Unternehmen über drei Jahre. Folgende Vorgehensweise kann gewählt werden:

1. Definition des Supply-Chain-relevanten Vermögens nach Umsatzanteil. Bsp.: 30 % des Umsatzes werden in der Supply Chain erzielt, dann stellt dieser Akteur 30 % seines Vermögens in die virtuelle Supply-Chain-Bilanz ein.

2. Gewinne werden individuell berechnet und in die Bilanz eingestellt. Dabei ist das einzelne Verfahren transparent zu halten und für den Zeitreihenvergleich beizubehalten.

3. Gewinn geteilt durch Vermögen ergibt den RoA.

4. Für die Fortschreibung des Vermögens werden jeweils Investitionen der Einzelunternehmen nach ihrem anteiligen Supply-Chain-Umsatz in die Bilanz eingestellt.

Konzept der Supply Chain Balanced Scorecard

'000 €	Jahr 0				Jahr 1					Jahr 2				
	Umsatz	Vermögen	Gewinn	RoA	Umsatz	Investition	Vermögen	Gewinn	RoA	Umsatz	Investition	Vermögen	Gewinn	RoA
Unternehmen A	3.000 €	10.000 €	1.000 €	10,0%	3.500 €	1.000 €	11.000 €	1.000 €	9,1%	4.000 €	500 €	11.500 €	1.300 €	11,3%
Unternehmen B	4.000 €	20.000 €	500 €	2,5%	4.500 €	1.000 €	21.000 €	1.000 €	4,8%	5.000 €	2.000 €	23.000 €	1.500 €	6,5%
SC-Anteil A	1.000 €	3.333 €	333 €	10,0%	2.000 €	571 €	3.905 €	571 €	14,6%	2.000 €	250 €	4.155 €	650 €	15,6%
SC-Anteil B	2.000 €	10.000 €	250 €	2,5%	2.500 €	556 €	10.556 €	556 €	5,3%	2.500 €	1.000 €	11.556 €	750 €	6,5%
SC-Gesamt	3.000 €	13.333 €	583 €	4,4%	4.500 €	1.127 €	14.460 €	1.127 €	7,8%	4.500,00 €	1.250 €	15.710 €	1.400 €	8,9%

Abbildung 30: *Berechnung des RoA für eine Supply Chain*

KPI	Definition	Beschreibung
Total Supply Chain Management Cost	Alle SCM-relevanten Kosten	Die Kennzahl umfasst Kosten für Planung, Ausführung und Verwaltung der Supply Chain. Die Verwaltungskosten steigen üblicherweise im Gegensatz zu einem nicht-SCM-Szenario.
Asset Turns	Total gross product revenue/ Total net assets	Je höher die Asset Turns, desto besser die Kapitaleffizienz. Die Kennzahl muss SC-weit berechnet werden.
Return on Assets	Net Income / Total Assets	Die Rentabilität des eingesetzten Vermögens ist eine entscheidende Kennzahl.
Supply Chain Finance Cost	Kosten der Finanzbuchhaltung innerhalb der Supply Chain.	Mit steigender Integration sollten die Verwaltungskosten sinken, z. B. durch den Einsatz von EDI usw.
Sales Growth	Umsatzwachstum im Vergleich zum Vorjahresmonat.	Bei logistikintensiven Geschäftsmodellen sollte eine Korrelation zur Supply Chain Performance bestehen.
Cash-Flow	Kummulierter Cash-Flow der Akteure	Durch Cashmanagement können die liquiden Mittel insgesamt reduziert und durch variable Zahlungsziele dort in der Supply Chain eingesetzt werden, wo sie gebraucht werden.
Economic Value Added	Net Profit – (Cost of Capital)x(Total Assets)	Beschränkung auf Supply-Chain-Produkte und Kosten.

Quelle: Eigene Darstellung. Vgl. Supply Chain Council 2003. Vgl. Brewer/Speh 2001
Abbildung 31: *Kennzahlen der Finanzperspektive*

3.2 Kundenperspektive

„To achieve our vision, how should we appear to our ultimate customers?"

Die Kundenperspektive „dient dazu, die Erwartungen der Kunden der Supply Chain abzubilden."[202] Der Schwerpunkt liegt nicht auf den internen Kundenbeziehungen der Supply-Chain-Akteure, sondern ausschließlich beim ultimativen Endkunden. Die Anforderungen an die Kundenperspektive der Supply Chain Balanced Scorecard entsprechen denen der traditionellen Balanced Scorecard.

Strategierelevanten Maßgrößen für die Kundenperspektive können drei grundlegende Strategiekategorien untergeordnet werden:

- Strategie der operationalen Exzellenz
- Strategie der Kundenvertrautheit
- Strategie der Produktführerschaft[203]

KPI	Definition	Beschreibung
Customer Value Ratio	Kundenservicezufriedenheit/ Auftragsstückkosten	Die Kundenservicezufriedenheit wird durch Kundenumfragen ermittelt. Die Auftragsstückkosten sind die gesamten Logistikkosten, welche innerhalb der Supply Chain anfallen. Die KPIs können verbessert werden, indem entweder der Service erhöht oder die Kosten gesenkt werden.
Delivery Performance to Customer Request Date	Anzahl der pünktlich ausgelieferten Bestellungen/ Anzahl der gesamten Bestellungen	Unabhängig von Prozessmetriken, wie der Auftragsdurchlaufzeit, ist es für die gesamte Supply Chain wichtig, die Kundenwünsche zu erfüllen.
Total Market Share	Gesamte Marktgröße für alle Supply-Chain-Akteure/ Gesamtmarktgröße	Durch die Ausrichtung der Supply Chain auf den Endkunden können Zulieferer durch ihre Abhängigkeit unter Druck geraten. Innerhalb der Kooperation sollen jedoch alle profitieren. Deswegen soll nicht nur der Marktanteil innerhalb des Händlermarktes steigen, sondern der Marktanteil aller Teilnehmer der Supply Chain.

Quelle: Darstellung. Vgl. Supply Chain Council 2003. Vgl. Brewer/Speh 2001
Abbildung 32: Kennzahlen der Kundenperspektive

Die Outcome Measures der Kundenperspektive werden sich nicht von denen des ursprünglichen Unternehmens mit der Kundenbeziehung unterscheiden, mögen die Zielwerte der Maßgrößen auch aggressiver sein. Die Änderung liegt bei den Key Performance Drivern. Durch die Zusammenarbeit in der Wertschöpfungskette können Prozesse besser auf die Kundenbedürfnisse abgestimmt werden. Ein Beispiel ist die Lieferzeit: Das Unternehmen hat sich schon immer über kurze Lieferzeiten positioniert. Am Differenzierungsmerkmal selbst hat sich nichts geändert, lediglich der zugrunde liegende Prozess ist ein anderer. Früher wurden hohe Lagerbestände gehalten, um kurze Lieferzeiten zu realisieren. Die Produktionsform war make-to-stock. Durch Supply Chain Management kann der Decoupling-Point weiter stromaufwärts in der Wertschöpfungskette verlagert werden. Die Prognosedaten werden dem Lieferanten zur Verfügung gestellt, und das Unternehmen kann auf eine auftragsbezogene Fertigung umstellen. Dies ermöglicht es gleichzeitig, schneller auf Kundenwünsche zu reagieren und zusätzliche Preisvorteile an den Kunden weiterzugeben.

3.3 Prozessperspektive

„To satisfy our shareholders and customers, what business processes must we excel at?"

Die Prozessperspektive bildet die Anforderungen der Kunden auf Prozesse ab. Die Kunden- und Finanzperspektive haben die externen Forderungen an das System Supply Chain definiert. Das „Wie" ist nun in den Prozessen abzubilden. Die Prozessperspektive betrachtet dabei die Leistung des gesamten Prozesses, beispielsweise des Order Fulfillments über alle Akteure der Supply Chain hinweg.[204] Die Prozessperspektive ist das Bindeglied zwischen den Kundenanforderungen, der Kooperation der Akteure und den Fähigkeiten der beteiligten Organisationen und Mitarbeiter.

Die Maßgrößen der Prozessperspektive können nie aus dem Datenmaterial eines Einzelunternehmens gewonnen werden. Vielmehr muss jede Maßgröße die Dimensionen Zeit, Kosten, Qualität und Flexibilität über die Supply Chain aufspannen. Die wohl relevanteste integrierte Kennzahl für die Prozessperspektive ist die Cash-to-Cash Cycle Time, eingeführt von Œerox.[205] Sie misst die Zeit in Tagen zwischen dem Bezahlen der Lieferanten und dem Zahlungseingang durch den Kunden für eine bestimmte Leistung. Die **Cash-to-Cash Cycle Time** kann „Transparenz über die Effizienz des Working-Capital-Managements in der Wertschöpfungskette schaffen"[206]. Aus diesem Grund wird die Kennzahl oftmals der Finanzperspektive zugeordnet.[207] Sie ist jedoch als Frühindikator für die Working Capital Efficiency zu sehen. Tatsächlich sagt sie mehr über die Effizienz der Prozesse aus. Sie misst den erfolgreichen Umgang mit Kreditoren und Debitoren sowie Durchlaufzeiten und Lagerbestände. Sie ist eine echte integrierte Kennzahl, da sie die Leistungsfähigkeit des Gesamtprozesses misst.

KPI	Definition	Beschreibung
Cash-to-Cash Cycle Time	Kreditorentage + Lagerreichweite + Debitorentage	Misst die Zeit in Tagen über die gesamte Supply Chain, die ein Euro braucht, um nach seiner Zahlung an einen Lieferanten der Supply Chain wieder hereinzukommen. In fertigenden Supply Chains im Gegensatz zu Händlernetzwerken muss man sich auf einzelne Teile konzentrieren oder die Berechnungsarithmetik sehr gut abstimmen.
On-Time-Delivery	Anzahl der pünktlichen Lieferungen/ Anzahl der Lieferungen gesamt	Eine der bedeutendsten Maßgrößen als Frühindikator der Kundenzufriedenheit in make-to-order-Szenarien.
Order Fulfillment Lead Time	Durchlaufzeit in Tagen von Auftragserteilung bis Auslieferung	Eine kurze Durchlaufzeit ist ein entscheidender Wettbewerbsvorteil. Diese Kennzahl ist nicht vollständig integriert und wird am besten gemeinsam mit der Supply Chain Cycle Efficiency gemessen.
Production Flexibility	Mögliche, nachhaltige Kapazitätsausweitung/-senkung in Prozent innerhalb von 30 Tagen	Production Flexibility steht meist im Spannungsverhältnis zur Effizienz.
Time-to-Market	Anzahl der Tage bis zur Auslieferung eines neuen Produktes	Dies umfasst die Entwicklungszeit, die Produktionsumstellung sowie die Auslieferung. Diese Kennzahl unterstützt das Streben nach Flexibilität.
Forecast Accuracy	Geplanter Absatz/ tatsächliche Bestellungen	Die Absatzprognosegenauigkeit ist ein Frühindikator für viele weitere Kennzahlen, wie z. B. Bestand, On-Time-Delivery.
Planned Material Lead Time	Datum Kundenauslieferung – Datum des Beschaffungsauftrages (für geplante Teile)	Misst die Zeitspanne, in der sich ein Material informatorisch und physisch im Zugriff der Supply Chain befindet. Die Erfassung beginnt mit dem Beschaffungsauftrag, welcher aus dem Supply Plan abgeleitet wird, bis zur Auslieferung beim Kunden. Eine andere Berechnungsart ist: Beschaffungszeit + Fertigungszeit + Auslieferungszeit.
Supply Chain Cycle Efficiency	Anzahl der wertschöpfenden Tage/Order Fulfillment Lead Time	Eine absolute Order Fulfillment Lead Time ist nur begrenzt aussagekräftig. Auch eine hohe Durchlaufzeit ist gerechtfertigt, wenn sie nur für wertschöpfende Tätigkeiten verbraucht wird.

Quelle: Eigene Darstellung. Vgl. Supply Chain Council 2003. Vgl. Brewer/Speh 2001
Abbildung 33: *Kennzahlen der Prozessperspektive*

3.4 Kooperationsperspektive

„To create value for our ultimate customers, how can we improve our cooperation?"

Die Kooperationsperspektive ist für alle nichtprozessorientierten Aspekte des Performance Measurements in der Supply Chain verantwortlich. Sie umfasst strukturelle Merkmale, soziale Merkmale und technische Merkmale.

Strukturelle Merkmale müssen im Sinne der Konfiguration im Spannungsfeld zwischen Flexibilität und Stabilität betrachtet und integriert werden. Flexibilität ist eine wesentliche Anforderung an Supply-Chain-Management-Konzepte, sie steht jedoch im Gegensatz zur Stabilität, die erforderlich ist, um den einzelnen Akteuren die Sicherheit für langfristige Investitionen zu geben.[208] Strukturelle Merkmale umfassen auch die Topologie der Supply Chain. Sind die richtigen Partner involviert? Wurden die richtigen Prozesse ausgewählt? Muss das Netzwerk ausgedehnt oder verkleinert werden?

Soziale Merkmale beziehen sich auf die informell-menschliche Beziehung innerhalb des Netzwerkes. Vertrauen auf allen Ebenen ist eine Hauptvoraussetzung für eine erfolgreiche Zusammenarbeit.[209] Vertrauen wirkt sich auf den Prozess der Zielfindung aus. Nur bei erhöhtem Vertrauen lassen sich Win-Win-Situationen erzeugen. Diese weichen Faktoren lassen sich unter Umständen nur durch Befragungen quantifizieren. Abhängig von der Strategie und Komplexität der Netzwerkstruktur ist die Steuerung der adäquaten Risiko- und Erlösverteilung innerhalb der Supply Chain von enormer Bedeutung. Bei einer Maßgröße dieses Bereichs läge der Schwerpunkt jedoch nicht auf „Verteilung", dies kann in separaten Systemen entschieden und berechnet werden, sondern auf „adäquat". Die Herausforderung liegt in der latenten Angst der Akteure, die neue Offenheit könnte zum Missbrauch – gerade durch die stärkeren Partner – führen. Realisiert sich diese Angst, ist die Zusammenarbeit schwer beschädigt, vielleicht sogar nicht mehr aufrechtzuerhalten.[210]

Technische Merkmale der Kooperationsperspektive sollten versuchen, den weichen Faktor Vertrauen zu quantifizieren. Über den Umweg der Technologie kann sehr wohl die menschliche Beziehung verbessert werden. Das Management ist gut beraten, mehr zu tun, als seinen Mitarbeitern zu sagen: „Habt Vertrauen und kooperiert!" Eine geschickte Lösung wäre, Projekte zu initiieren, die darauf abzielen, die Stammdaten zu vereinheitlichen, Schnittstellen zu optimieren und Formate semantisch zu standardisieren. Informationsaustausch ist eine Voraussetzung für Vertrauen. Ziel der Kooperationsperspektive ist „die Erhöhung des Vertrauens zwischen den SC-Partnern"[211].

KPI	Definition	Beschreibung
Management Decision Timeframe Ratio	Prozessdurchlaufzeit in h/Zeit für eine Managemententscheidung bezüglich des Supply-Chain-Prozesses in Stunden	Beispiel: Der Prozess hat eine Durchlaufzeit von zwei Stunden, eine Entscheidung bezüglich des Prozesses braucht vier Stunden; MDTR = 200 %. Schnelle Prozesse brauchen schnelle Entscheidungen.
Trust	Umfrage	Subjekte Einschätzung des Vertrauens zwischen den Partnern; auszufüllen von Mitarbeitern, welche innerhalb der Supply Chain mit anderen Akteuren zusammenarbeiten.
Shared Data Ratio	Anzahl der gemeinsamen Daten / Gesamtdaten	Jeder unterschiedliche Datenstandard erhöht die Komplexität der Supply Chain. Dies beginnt mit Terminologien über Prozesse und Funktionen, über Auftragsnummern bis hin zu Stammdaten.
Digital Links	Anzahl gemeinsamer Systeme / Gesamtsysteme	Je höher integriert die Systeme der Partner sind, desto effizienter können die Prozesse ablaufen.
Partner Ratio	# Supply-Chain-Partner / # Gesamtunternehmen	Aus Kundensicht wertschöpfende Unternehmen sollten in die gemeinsam geführte Supply Chain integriert sein.
Squeeze in Time	Zeit in Tagen bis zur vollständigen Integration eines neuen Supply-Chain-Partners	Als Gegenstück zur Squeeze out Time ist es wichtig, bei neuen Bedarfen schnell neue Partner hinzuschalten zu können. Dies erfordert nicht nur technisches Können, sondern auch die nötige menschliche Nähe, z. B. für Vertragsabschlüsse.
Product Category Commitment Ratio	% des Produktgruppenvolumens des Lieferanten, welches an den Kunden verkauft wird / % des Produktgruppenvolumens des Kunden, welches vom Lieferanten bezogen wird.	Ein Verhältnis von 1.0 wäre ausbalanciert. Beispiel: Verkäufer A verkauft 50 % seiner Produkte aus Kategorie K an Käufer B. Käufer B bezieht 50 % seines Bedarfs an Kategorie K von Verkäufer A. Unausgewogene Verhältnisse führen schnell zu einseitigen Machtpositionen. Verkauft der Verkäufer 100 % an einen Käufer, der jedoch nur 1 % seines Bedarfs beim Verkäufer bezieht, sind Zweifel an einer vertrauensvollen Kooperation angebracht.

Quelle: Eigene Darstellung. Vgl. Supply Chain Council 2003. Vgl. Brewer/Speh 2001
Abbildung 34: *Kennzahlen der Kooperationsperspektive*

3.5 Lern- und Entwicklungsperspektive

„To achieve our vision, how will we sustain our ability to change and improve?"

Die Lern- und Entwicklungsperspektive definiert die Voraussetzungen für zukünftige Leistungssteigerungen. Dabei wird zwischen drei Kategorien unterschieden[212]:

- Strategische Kompetenzen sind diejenigen Kompetenzen der einzelnen Mitarbeiter, welche zur Unterstützung der Strategien unbedingt erforderlich sind. Hierbei geht es auch um Best Practice. Die Supply-Chain-Akteure sollten ihre Mitgliedschaft nutzen, um voneinander zu lernen.
- Strategische Technologien sind unterstützende Technologien für die primären Wertschöpfungsaktivitäten. Meist sind dies betriebliche Steuerungs- und Informationssysteme. Eine strategische Technologie könnte ein netzwerkweites Master Planning System (z. B. mit SAP APO) sein.
- Ein aktivitätsorientiertes Klima ist durch eine hohe Leistungsbereitschaft und Motivation der Mitarbeiter gekennzeichnet. Eine Kennzahl hier könnte die Zahl der kooperativ gelösten Konflikte sein.

KPI	Definition	Beschreibung
Mitarbeiterzufriedenheit	Umfrage	Mitarbeiterzufriedenheit insgesamt ist eine Standardkennzahl. Eine besondere Kennzahl wäre die Standardvarianz über die Anzahl der Akteure. Ein starkes Ungleichgewicht ist hier zu verhindern.
Weiterbildungsquote	Durchschnittliche Anzahl Weiterbildungstage / Arbeitstage	Die Weiterbildungsquote ist im Hinblick auf die wachsende Bedeutung von Humankapital gerade in modernen Szenarien wie dem Supply Chain Management wichtig.
Visionswissen	Anzahl der Mitarbeiter, die die Supply Chain Vision kennen / Anzahl Mitarbeiter in der Supply Chain	Nur wenn alle Mitarbeiter die Vision kennen, kann auch danach gehandelt werden.
Anzahl neuer Produkte	Anzahl Produkte < x Jahr / Anzahl Produkte	Die Definition eines neuen Produktes unterscheidet sich von Geschäftsmodell zu Geschäftsmodell.

KPI	Definition	Beschreibung
Mitarbeiterfluktuation	Anzahl Mitarbeiter, die die Supply Chain (das Unternehmen) pro Jahr verlassen / Anzahl Mitarbeiter	Supply Chains sind komplexere Gebilde als Einzelunternehmen; das Organisationswissen gewinnt damit an Bedeutung, eine hohe Mitarbeiterfluktuation ist deswegen schwieriger zu verkraften.
Reifegrad	Assessment	Prozesswissen wird mit zunehmender Prozessorientierung bedeutungsvoller, es ist ein möglichst hoher Reifegrad anzustreben.

Quelle: Eigene Darstellung. Vgl. Supply Chain Council 2003. Vgl. Brewer/Speh 2001
Abbildung 35: *Kennzahlen der Lern- und Entwicklungsperspektive*

4. Key Performance Indicators

Die Definition von Key Performance Indicators ist eine herausfordernde Aufgabe. Die Strategie kann noch so gut sein, wird sie durch schlechte Key Performance Indicators abgebildet und somit schlecht implementiert, kann dies den Erfolg der Supply Chain stark beeinflussen. Deswegen ist es wichtig, Anforderungen an Key Performance Indicators zu haben, die zumindest eine notwendige Bedingung für eine erfolgreiche Strategieimplementierung sind. Gute Key Performance Indicators sind ausgewogen, integriert und standardisiert. Diese drei Merkmale werden im Folgenden beschrieben.

4.1 Ausgewogene Maßgrößen

Maßgrößen und Ziele entsprechen in Supply Chains der Forderung nach Ausgewogenheit, wenn sie um ein Dimensionskriterium erweitert werden und die Kooperationsperspektive berücksichtigt wird.

Eine wesentliche Eigenschaft von Maßgrößen im Supply Chain Management ist deren **Vernetzung.** Nur durch Vernetzung, durch mehrdimensionale Abbildung unterschiedlicher Sachverhalte in einer Maßgröße, kann der inhärenten Intransparenz, Komplexität und Dynamik[213] Rechnung getragen werden. Die drei Ebenen dieser Performance-Vernetzung sind die Supply-Chain-Ebene, die Beziehungsebene und die Akteursebene. Die Supply-Chain-Ebene umfasst Maßgrößen, welche nicht autark von einem Einzelunternehmen beeinflusst werden können. Die Beziehungsebene umfasst Maßgrößen, welche von zwei Unternehmen mit direkter Schnittstelle in der Wertschöpfungskette beeinflusst werden können. Die Akteursebene umfasst Maßgrößen, die von einem Einzelunternehmen oder von einem einzelnen Funktionsbereich beeinflusst werden können.

Abbildung 36 zeigt einen ausgewogenen Key Performance Indicator „% Make-to-Order". Es handelt sich um eine Kennzahl, die den prozentualen Anteil der auftragsbezogenen Fertigung an der gesamten Produktion erfasst. Neben dieser Ausgewogenheit einzelner Ziele ist eine Ausgewogenheit des kompletten Sets anzustreben.

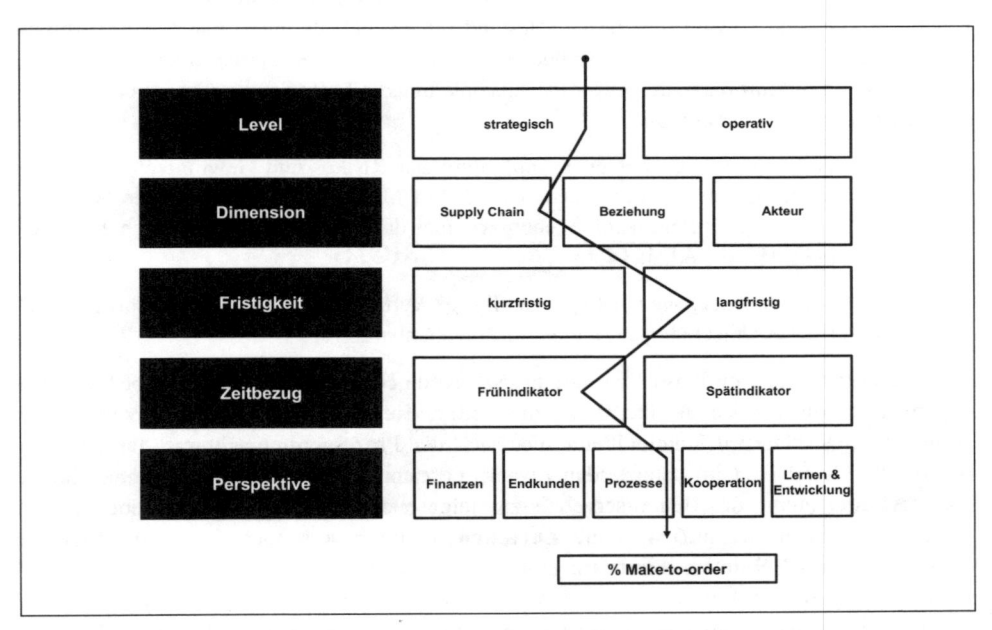

Abbildung 36: *Ausgewogene Maßgrößen der Supply Chain Balanced Scorecard*

4.2 Integrierte Maßgrößen

Integrierte Maßgrößen beinhalten die Steuerung von Prozessen über die Grenzen einzelner Funktionsbereiche hinweg. Dadurch helfen sie, die lokale Optimierung auf Kosten eines Supply-Chain-weiten Gesamtoptimums zu verhindern.[214] Eine integrierte Maßgröße ist eine spezielle Ausprägung einer ausgewogenen Maßgröße. Sie besitzt die **Dimension Supply Chain** oder Beziehung. Integrierte Maßgrößen müssen das übergeordnete Ziel darstellen, welches die Supply Chain als Ganzes erreichen will. Deswegen handelt es sich bei integrierten Maßgrößen tendenziell um Spätindikatoren. Die Cash-to-Cash Cycle Time wird stets als Beispiel aufgeführt.[215] Nach SCOR ist die Cash-to-Cash Cycle Time definiert als:

> „Cash-to-cash cycle time = inventory days of supply + days sales outstanding − average payment period for materials (time it takes for a dollar to flow back into a company after its been spent for raw materials). For services, this represents the time from the point where a company pays for the resources consumed in the performance of a service to the time that the company received payment from the customer for those services."[216]

Auf eine Supply Chain angewendet, ist sie integriert, da sie alle Unternehmen der Supply Chain umfasst, und sowohl logistische (Bestandsreichweite) als auch finanzielle (Verbindlichkeits- und Forderungsausstand) Maßgrößen integriert. Eine Steuerung über die Cash-to-Cash Cycle Time führt dazu, dass die Zahlungsziele innerhalb der Supply Chain verkürzt und der Gesamtbestand gesenkt wird.

Integrierte Maßgrößen wirken besser, je umfangreicher Risiko- und Gewinnrechnungen innerhalb der Supply Chain institutionalisiert sind. Ein Mitglied der Supply Chain wird nur bereit sein, sein lokales Optimum aufzugeben, wenn es dafür einen Ausgleich durch die anderen Supply-Chain-Akteure erhält.[217]

Neben dieser verhaltensbezogenen Problematik des Vertrauens in die Kooperation existiert auch ein praktisches Umsetzungsproblem: die Zurechenbarkeit.

Die Zurechenbarkeit von Kosten ist eine grundlegende Herausforderung. Supply Chain Management hat die Chance, als Treiber für die weitere Entwicklung zu wirken. Innerhalb von rechtlich selbstständigen Unternehmen setzt sich die Prozesskostenrechnung nur langsam durch. Der Grund liegt im mangelnden Zwang. Letztendlich ist für ein Einzelunternehmen die Gesamtrechnung, das Betriebsergebnis am Jahresende, entscheidend. In einem Supply-Chain-Management-Szenario wird die **Zurechenbarkeit** bedeutender. Die nicht mögliche Bestimmung des Return on Assets für eine Supply Chain verhindert die Steuerung in der Finanzperspektive.[218] Ähnliche Lösungen wie für die Finanzperspektive müssen auch für andere Bereiche gelten, solange noch kein praxisnahes Konzept durchgesetzt wurde: Es muss eine Zurechnung stattfinden, sie muss nicht der Wahrheit entsprechen, aber sie muss in sich konsistent und nachvollziehbar sein.

4.3 Standardisierte Maßgrößen

Um aus integrierten Maßgrößen wieder individuelle Maßgrößen ableiten zu können, muss man sich auf eine gemeinsame Sprache verständigen. Diese gemeinsame Sprache kann entweder innerhalb einer Supply Chain **proprietär** entwickelt werden, oder die Akteure einigen

Konzept der Supply Chain Balanced Scorecard

sich auf einen gemeinsamen Standard. Ein Standard hat den Nachteil, dass er nicht spezifisch auf die Problemsituation angepasst sein kann, eine größere Einarbeitung ist somit erforderlich. Der größte Vorteil kann in der Verfügbarkeit gesehen werden. Zum einen entfällt die Entwicklungszeit für einen internen **Standard**, zum anderen kann der verfügbare Standard zum Benchmarking benutzt werden.

Ein Standard, der sich für Supply Chain Management im Besonderen eignet, ist SCOR.[219] Die Metriken von SCOR lassen sich für die Messung von strategischen Zielen der Balanced Scorecard benutzen. Abbildung 37 zeigt ein Mapping von SCOR-Metriken und Perspektiven der Supply Chain Balanced Scorecard.

SCOR liegt bereits in Version 6.0 vor, ist jedoch noch nicht an moderne Anforderungen des Supply Chain Managements angepasst. Das Supply Chain Council schreibt explizit:

> „... the Model does not address: sales and marketing (demand generation), product development, research and development, and some elements of post-delivery customer support."[220]

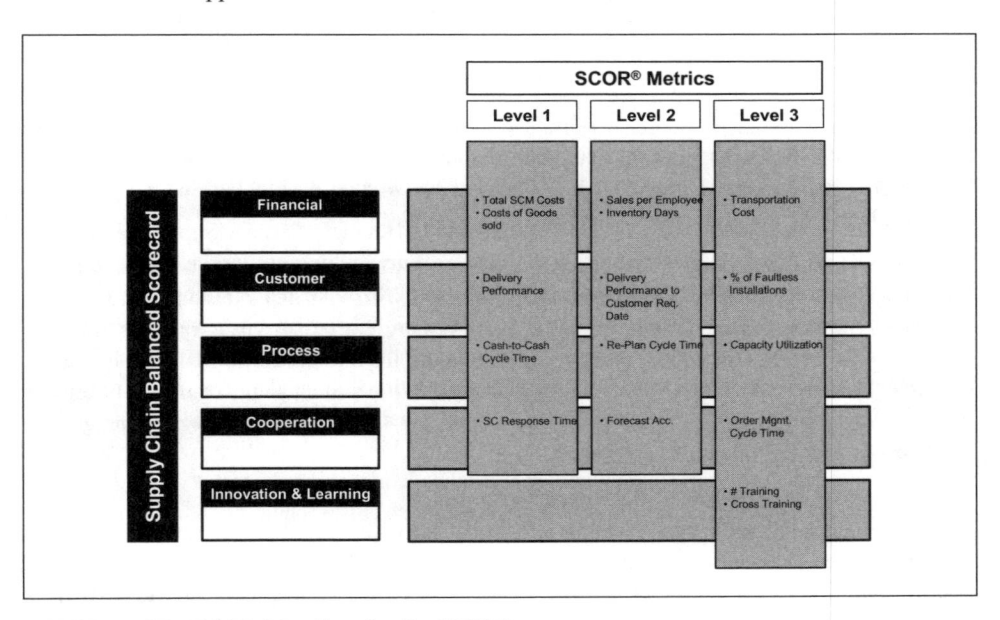

Abbildung 37: SCOR-Metriken für die SCBSC

Diese Bereiche und weitere Schlüsselprozesse nach dem Modell von Cooper, Lambert und Pagh müssen im **SCOR-Modell** berücksichtigt werden, um als Standard nicht nur zum Benchmarking der operativen Effizienz herangezogen zu werden, sondern auch, um ein Instrument zur Strategieimplementierung zu sein. Es stellt sich letztendlich die Frage nach dem Umfang der Definition von Supply Chain Management. In Anbetracht des großen Einflusses, welches Produktentwicklung und Marketing auf die Gestaltungsmöglichkeiten der Supply Chain haben, sollte eine Integration dieser Bereiche diskutiert werden.

Die anteilige Abdeckung eines Performance Measurements für Supply Chain Management durch standardisierte Maßgrößen ist zu optimieren. Zum aktuellen Zeitpunkt eignet sich SCOR für eine Verwendung als Standard zur Implementierung von nicht integrierten Maßgrößen, kosten- und effizienzorientierten Maßgrößen für die Prozesse Demand Management, Order Fulfillment, Manufacturing Flow Management, Supplier Relationship Management und Returns Management. Weitere Maßgrößen im Rahmen der Supply Chain Balanced Scorecard werden proprietär entwickelt und unternehmensübergreifend abgestimmt.

5. Kaskadierung

Die traditionelle Balanced Scorecard bricht die Strategie von der Unternehmensebene über die Geschäftsbereiche auf Funktionsbereiche herunter. Diese Vorgehensweise hat sich unter dem Begriff Kaskadierung einen Namen gemacht.[221] Wie wird eine Verbindung zwischen Supply-Chain-Ebene und Unternehmensebene hergestellt?

Zuerst gilt es zu klären, welchen Einflüssen die Supply Chain Balanced Scorecard unterliegt. Das Zielsystem der Supply Chain Balanced Scorecard wird von den Zielsystemen der Supply-Chain-Akteure bestimmt. Die Supply-Chain-Akteure erarbeiten zusammen im Rahmen ihrer strategischen Initiative eine gemeinsame Strategie für ihre ausgewählten Supply-Chain-Prozesse. Das Zielsystem der Supply Chain Balanced Scorecard ist somit vom Zielsystem der Akteure sowie der entwickelten Supply-Chain-Mission, -Vision und -Strategie geprägt. Die Einflüsse sind in Abbildung 38 dargestellt.

Ist die Supply Chain Balanced Scorecard fertig gestellt, müssen die strategischen Ziele auf die Balanced Scorecards der Einzelunternehmen heruntergebrochen werden. Die Supply Chain Balanced Scorecard verändert die Zielsysteme der Akteure, damit diese an die neue Supply-Chain-Strategie angepasst werden. In diesem Zusammenhang existiert ein neuartiges Problem, das **partielle Spannung** genannt werden soll. Balanced-Scorecard-Systeme im Unternehmen kaskadieren Ziele vollständig und überschneidungsfrei. Sie brechen das Zielsystem der Balanced Scorecard des Unternehmens auf alle Ebenen der Unternehmung herunter, d. h., die Summe der Ziele der untergeordneten Balanced Scorecards entspricht den Zielen der Balanced Scorecard des Unternehmens. In diesen Systemen existiert keine Balanced Scorecard, die Ziele enthält, welche nicht mit der Balanced Scorecard des Unternehmens kompatibel wären. Bei der Supply Chain Balanced Scorecard ist dies nicht gegeben. Die Balanced Scorecards der Akteure enthalten Ziele, die entweder mit der Supply Chain

Balanced Scorecard nicht kompatibel sind oder nicht durch sie abgedeckt werden. Diese Ziele sind der Ursprung einer **partiellen Spannung**. Beispiele für diese Problematik:

- Mehrere Supply Chains: Ein Automobilzulieferer beliefert drei OEMs. Mit jedem OEM ist er durch das jeweilige Supply Chain Management organisiert. Die Supply Chains stehen zueinander im Wettbewerb. Die Balanced Scorecard des Unternehmens muss ein vielfältigeres Spektrum an Zielen abdecken, als durch eine Supply Chain Balanced Scorecard vorgegeben. Unter Umständen muss der Zulieferer sogar mit starken Zielkonflikten rechnen, die sich eventuell aufgrund der Wettbewerbssituation der Supply Chains gar nicht auflösen lassen.

- Soziales Engagement: Ein großer Konsumgüterhersteller engagiert sich besonders außergewöhnlich im sozialen Bereich. Er hat eine Stiftung gegründet und betrachtet sein gesellschaftliches Engagement neben dem Shareholder Value als wichtiges Unternehmensziel. In der Supply Chain mit seinen Distributionspartnern sind diese Ziele jedoch nicht relevant.

Der Prozess der Zielfindung für die Supply Chain Balanced Scorecard sowie die Kaskadierung auf die Balanced Scorecards der Akteure kann in folgenden fünf Schritten vollzogen werden:

1. Entwicklung der Balanced Scorecards der Akteure: Jeder Supply-Chain-Akteur muss vor der Entwicklung der Supply Chain Balanced Scorecard bereits über eine eigene Balanced Scorecard verfügen. Dies hat zwei Gründe. Erstens ist die Balanced Scorecard ein komplexes Instrument. Wer noch nicht über Erfahrung mit dem Umgang und der Implementierung im Unternehmen verfügt, wird Probleme haben, eine Supply Chain Balanced Scorecard zu integrieren. Zweitens hilft die Balanced Scorecard bei der Konkretisierung der Strategie. Bevor Zielsysteme für die Supply Chain entwickelt werden, muss jeder Akteur mit einer klaren Vorstellung über die eigene Strategie in den Prozess eintreten.

2. Entwicklung der Supply Chain Balanced Scorecard unter Berücksichtigung von Mission, Vision und Strategie der Supply Chain sowie der einzelnen Ziele der Supply-Chain-Akteure.

3. Ableitung der Ziele aus der Supply Chain Balanced Scorecard für die einzelnen Supply-Chain-Akteure. Modifikation und Anpassung der Balanced Scorecards der Akteure.

4. Überprüfung der Konsistenz zwischen den Balanced Scorecards der Akteure und der Supply Chain Balanced Scorecard. Es findet in diesem Schritt eine Rekursion statt, die eine Modifikation der Supply Chain Balanced Scorecard möglich machen könnte. Die Ziele der Einzelunternehmen müssen mit den Supply Chain Zielen zwar nicht kongruent sein, sie müssen jedoch zielharmonisch sein. Konflikte müssen aufgelöst werden.

5. Kontinuierliche Überprüfung der Konsistenz der Zielsysteme: Jede Änderung des Zielsystems eines Unternehmens kann eine Beeinflussung der gemeinsamen Supply Chain Ziele zur Folge haben.

Da Supply Chain Management in seiner Koordinationsfunktion seine Stärke durch das Management schon vorhandener Prozesse und Organisationsstrukturen gewinnt, ist eine Kaskadierung auch notwendig, um strategische Aktivitäten zu identifizieren. Durch das Herunterbrechen der Ziele auf die Balanced Scorecards der Akteure und die Bereichs-Scorecards der Akteure können aufgrund des justierten Zielsystems vor Ort Projekte initiiert werden. Für Ziele der Supply-Chain-Ebene, welche nur ganzheitlich unterstützt werden können, werden die strategischen Aktionen direkt der Supply Chain Balanced Scorecard zugeordnet. Mittelfristig wird die strategische Aktion wieder herausgelöst und in das Zielsystem der ausführenden Organisationseinheit integriert.

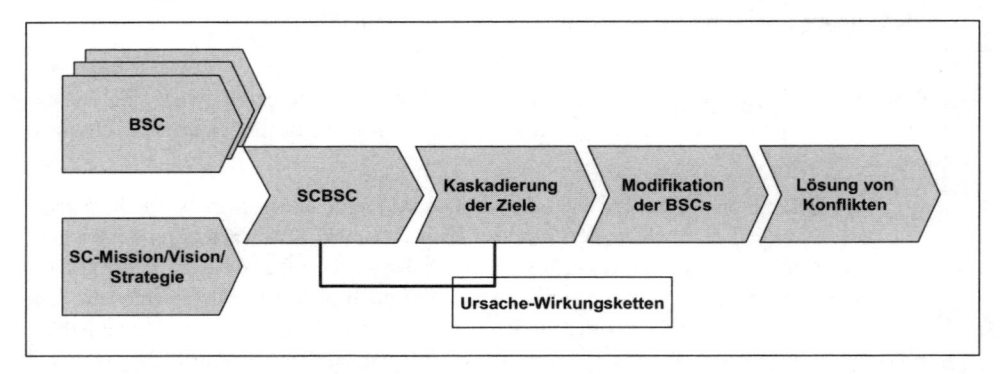

Abbildung 38: *Kaskadierung und Zielfindung in der SCBSC*

Diese Vorgehensweise verhindert einen zusätzlichen organisatorischen Aufwand durch eine Supply Chain Balanced Scorecard. Strategische Projekte werden vor Ort gesteuert und die Zielbeiträge mit den strategischen Zielen der Supply Chain Balanced Scorecard vernetzt. Da die Entwicklung der Supply Chain Balanced Scorecard mit den Individualstrategien der Akteure in einer Wechselwirkung steht, ist die Definition der Supply Chain Balanced Scorecard eine Top-Management-Aufgabe. Die eigentliche Definition muss nicht durch das Top-Management durchgeführt werden, der verabschiedete Vorschlag ist jedoch durch alle Beteiligten zu ratifizieren, da die Konsequenzen für die Einzelunternehmen unter Umständen erheblich sind.

6. Ursache-Wirkungsketten

Eine aktuelle SCM-Studie der ETH Zürich mit mehr als 200 teilnehmenden Unternehmen zeigt: Nur 31 % der Unternehmen erheben Kennzahlen zur Koordination von Zielen bei Zielkonflikten. Dies kann mehrere Ursachen haben:

1. Es bestehen keine Zielkonflikte.
2. Die Zielkonflikte sind unwesentlich.
3. Die Zielkonflikte sind nicht bekannt.
4. Es existieren dominierende Partner, die ihre Ziele durchsetzen.
5. Zielkonflikte können nicht in Kennzahlen abgebildet werden.

Strukturelle Merkmale eines Performance-Measurement-Systems können bei Ursache eins bis vier nicht weiterhelfen. Ursache-Wirkungsketten greifen da ein, wo Zusammenhänge nicht mehr mit Kennzahlen erfasst werden können. Umfangreichere Zielkonflikte mit mehreren beteiligten Zielen können nicht in einer Zahl ausgedrückt werden. Hier bedarf es eines mächtigeren Instruments: Ursache-Wirkungsketten.

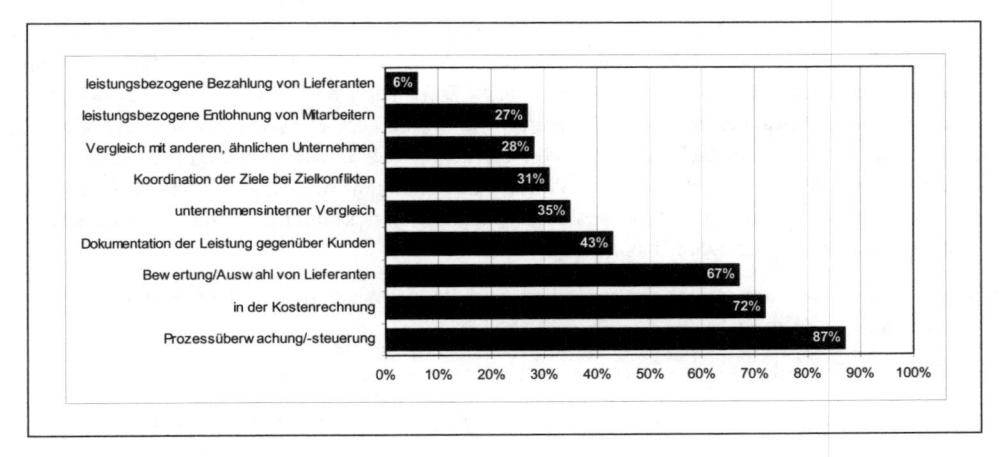

Kennzahl	Anteil
leistungsbezogene Bezahlung von Lieferanten	6%
leistungsbezogene Entlohnung von Mitarbeitern	27%
Vergleich mit anderen, ähnlichen Unternehmen	28%
Koordination der Ziele bei Zielkonflikten	31%
unternehmensinterner Vergleich	35%
Dokumentation der Leistung gegenüber Kunden	43%
Bewertung/Auswahl von Lieferanten	67%
in der Kostenrechnung	72%
Prozessüberwachung/-steuerung	87%

Quelle: Nienhaus et al. 2003, S. 9
Abbildung 39: *Kennzahleneinsatz nach einer Studie der ETH Zürich*

Die Strategy Map der Balanced Scorecard kann als Hypothese der Strategie aufgefasst werden.[222] Sie wird vom Management erarbeitet, um ihre Intuition zu externalisieren[223] und durch einen Vergleich mit anderen anzupassen. Es werden für die Balanced Scorecard diejenigen Ziele ausgewählt, die den größten Einfluss auf die Strategie haben. Streng genommen hat jede Variable einen Einfluss auf die Strategie, die gemeinten strategischen Ziele beziehen sich jedoch auf die Variablen mit der höchsten Signifikanz. Dies wiederum bedeutet, dass intuitiv bereits eine quantitative **Bewertung der Abhängigkeiten** vorgenommen wurde. Im Folgenden werden die Probleme der nicht näher spezifizierten Ursache-Wirkungsketten analysiert und ein pragmatischer Lösungsansatz zur Verbesserung der Strategy Map entwickelt.

6.1 Problemstellung

Ursache-Wirkungsketten bilden die kausalen Zusammenhänge der strategischen Ziele der Strategy Map ab. Sie sind gekennzeichnet durch die jeweiligen Elemente selbst sowie durch die Beziehung zwischen den Elementen. Die Elemente sind die strategischen Ziele, sie werden durch Key Performance Indicators gemessen. Die Ursache-Wirkungsketten verknüpfen die Ziele innerhalb der Balanced Scorecard sowie die Ziele zwischen den Balanced Scorecards im Rahmen des Synchronisations- und Kaskadierungsprozesses.

Die Ursache-Wirkungsketten sind für die Strategieimplementierung und strategische Kontrolle in dreifacher Hinsicht wichtig. In einer sachlich-inhaltlichen Dimension ist die Ursache-Wirkungskette der Enabler, welcher aus einer Ansammlung loser Kennzahlen ein Konzept werden lässt.[224]

In einer institutionalen Dimension werden Ursache-Wirkungszusammenhänge über Organisationseinheiten hinweg gebildet und verknüpfen damit alle Teilbereiche einer Organisation zu einem kohärenten Ganzen. In einer personalen Dimension helfen sie bei der **Verhaltenssteuerung der Mitarbeiter.** Die Mitarbeiterziele werden an ein Anreizsystem gekoppelt. Dieses macht die Zielerreichung nicht von einfachen Kennzahlen abhängig, sondern von einem ganzen Set, das durch Ursache-Wirkungsbeziehungen miteinander verflochten ist.[225] Bei näherer Betrachtung der Wirkungsketten nach dem ursprünglichen Modell von Kaplan und Norton können folgende Mängel festgestellt werden:

- Die Signifikanz der Beziehung zwischen Key Performance Indicator und strategischem Ziel ist nicht definiert.
- Die Signifikanz der Beziehung zwischen den Zielen ist nicht definiert.
- Die Beziehung der Ziele über mehrere Balanced Scorecards hinweg ist nicht definiert.

Diese Tatsache ist für den einzelnen Entscheider schon eine wesentliche Herausforderung. Es wird schwer sein, die komplexer werdenden Beziehungen ständig zu überblicken und sich daran zu erinnern, was die Idee nach der ursprünglichen Analyse der Ziele war. Das Ausmaß des Problems nimmt mit der Anzahl der betroffenen Entscheidungsträger zu. Eine wirksame Kommunikation über die Abhängigkeiten wird unmöglich, wenn jeder Beteiligte mit unterschiedlichen Vorstellungen über die Beziehungen arbeitet. Die Unsicherheiten bezüglich der Ursache-Wirkungsketten schlagen sich in drei Problemkreisen nieder:

- **Transparenz:** Der einzelne Entscheider verliert den Überblick über das komplexe Netzwerk.

- **Kommunikation:** Eine wirksame Kommunikation der Beziehungen ist mit den Beteiligten erschwert, da jeder mit unterschiedlichen Vorstellungen bezüglich der Wirkzusammenhänge arbeitet.

- **Intuition:** Ein Lernprozess wird erschwert, da die ursprünglichen Annahmen nicht dokumentiert sind und Abweichungen nicht analysiert werden können.

Soll das Konzept der Ursache-Wirkungsketten erfolgreich erweitert werden, muss es sich in das Konzept der Supply Chain Balanced Scorecard integrieren. Die Stärke der Balanced Scorecard ist auch ihre Einfachheit. Ein erweitertes Konzept der Ursache-Wirkungsketten soll folgenden Anforderungen genügen: **Einfachheit, Klarheit, Nutzbarkeit.** Dies bedeutet, dass es keiner zusätzlichen organisatorischen Einrichtung bedürfen soll, um das Konzept zu implementieren. Vielmehr soll es als Unterstützung des Top-Managements dienen und von diesem auch eigenständig benutzt werden können. Dies bedingt einen minimalen Zeitaufwand sowie eine gewisse Einfachheit. Da die Schwerpunkte auf Transparenz, Kommunikation und Intuition liegen, ist eine Exaktheit des Konzeptes nicht der Schwerpunkt. Das Management muss sich über die begrenzte Aussagekraft eines einfachen Mittels bewusst sein. Umfangreichere Analysen sollten an Stäbe vergeben werden, die die Zusammenhänge aufgrund des System-Dynamics-Ansatzes oder mit Hilfe der multivariaten Analyse untersuchen können.

6.2 Supply Chain Strategy Map

Die Supply Chain Strategy Map ist die Erweiterung der Strategy Map der Balanced Scorecard und besitzt zwei Komponenten: Quantifizierung und Visualisierung.

Die Quantifizierung erfolgt hypothesengetrieben. Definitionslogische Beziehungen sind bei strategischen Entscheidungen aufgrund der Unsicherheit schwer herzuleiten. Sie sind meist bei rechnerisch verknüpften Kennzahlensystemen im Finanzbereich vorzufinden. Das Du-Pont-Kennzahlensystem wäre hierfür ein Beispiel.[226] Die **hypothesengetriebene Herleitung** setzt auf ein **empirisch-induktives Vorgehen.**[227] Dabei versucht das Management, in Diskussionen sein intuitives Wissen zu externalisieren, Zusammenhänge zu finden und diese Zusammenhänge zu quantifizieren. Mit strukturprüfenden Verfahren könnten diese Zusammenhänge verifiziert oder falsifiziert werden. Dazu müssten die Modelle sehr exakt sein, was in der Praxis nicht der Fall sein wird. Der tatsächliche Mehrwert ergibt sich aus der eigentlichen Diskussion, aus der Möglichkeit, die eigenen Ansichten zu kommunizieren und sich über die eigenen Vorstellungen der Zusammenhänge bewusst zu werden.

Es scheint ratsam, die Zusammenhänge grafisch zu erarbeiten, da dieser kreative Prozess durch Visualisierung unterstützt werden kann. Neben der grafischen Repräsentation können die Zusammenhänge in einer Einflussmatrix dargestellt werden.[228] Aufgrund der Hypothesen über die Zusammenhänge wird im Folgenden eine Zeitreihenanalyse durchgeführt, welche mit prognostizierten Kurvenverläufen verglichen wird. Kurven eignen sich besonders gut zur Darstellung von Zusammenhängen, zur Darstellung der zeitlichen Entwicklung und zur Überprüfung der Zielerreichung.[229]

6.3 Einflussmatrizen

Die Wirkzusammenhänge werden grafisch in den Strategy Maps erarbeitet und in Einflussmatrizen übertragen. Abbildung 40 zeigt eine Strategy Map mit eingetragenen Zusammenhängen. Abbildung 42 zeigt eine Einflussmatrix, die aus der Strategy Map abgeleitet wurde. Auf Basis dieser Informationen können nun Zeitreihen erstellt werden. Zum einen werden die Ist-Daten von Delivery-on-Time erfasst, zum anderen die Soll-Daten aus den Ist-Zeitreihen von Process Quality und Process Cycle Time berechnet. Aus dem Vergleich von Ist- und Soll-Werten kann die Konsistenz der Ursache-Wirkungskette geprüft werden. Da es viele Einflüsse gibt, liegt die Bedeutung dieser Methode nicht so sehr in der empirischen Aussagekraft, sondern in der Eignung als Diskussionsgrundlage. Die Ursache-Wirkungsketten lassen sich auf Basis der strategischen Ziele abbilden, aber auch auf Basis der KPIs. Eine exaktere empirische Analyse ist auf Basis der KPIs möglich. Möchte man auf Basis der strategischen Ziele messen, müssen die Ungenauigkeiten bei der Abdeckung der strategischen Ziele durch die KPIs berücksichtigt werden.

Horváth lehnt das Aufstellen von rechnerischen Kausalbeziehungen ab. Da die Balanced Scorecard ausschließlich die wesentlichen Erfolgsfaktoren berücksichtigt, lassen sich Änderungen rechnerisch nicht nachvollziehen.[230] Er bestätigt jedoch die positive Wirkung von Kausalmodellen auf die Kommunikation der Strategie.

Abbildung 40 zeigt eine grafisch dargestellte Strategy Map mit quantifizierten Zusammenhängen. Abbildung 42 zeigt die Zusammenhänge in einer Einflussmatrix. Dabei wird jedem Ziel ein tatsächlicher Veränderungskoeffizient sowie jeder Beziehung ein Einflussparameter angehängt. Ein Veränderungskoeffizient von 40 % bedeutet, dass sich der Wert seit der letzten Beobachtung um 40 % positiv verändert hat. Dies entspräche einer Steigerung des Umsatzes von 100 Mio. Euro auf 140 Mio. Euro. Der Einflussparameter der Beziehung legt den Anteil des ursächlichen Ziels an der Veränderung des Wirkziels fest. Im Beispiel hat Process Cycle Time zu Delivery-on-Time einen Einflussparameter von 0,4. Dies bedeutet, dass 40 % der Veränderung von Delivery-on-Time auf eine Veränderung der Process Cycle Time zurückzuführen ist. Die allgemeine Formel für eine Wirkanalyse ist in Abbildung 41 dargestellt.

Der Wert A aus Abbildung 41 stellt den prognostizierten Wert dar. Dieser prognostizierte Wert lässt sich über die Zeit auftragen und mit dem tatsächlichen Wert vergleichen. So erhält man eine Erkenntnis über den Erfüllungsgrad der aufgestellten Hypothesen. Abbildung 43 zeigt ein Beispiel für On-Time-Delivery. Es ist deutlich zu erkennen, dass die Kurven nicht übereinstimmen, der tendenzielle Zusammenhang jedoch gegeben ist.

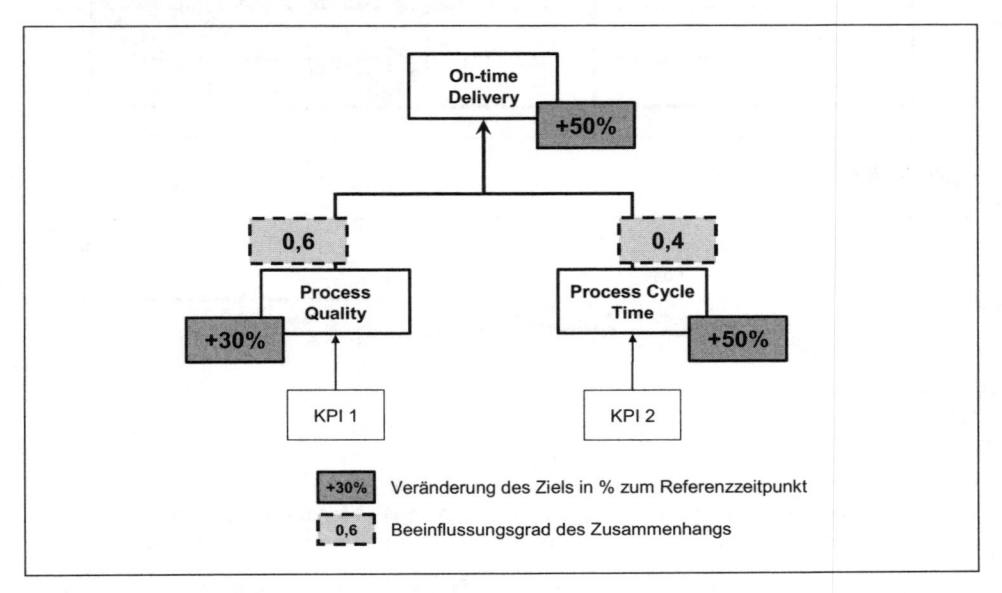

Abbildung 40: Strategy Map mit quantifizierten Zusammenhängen

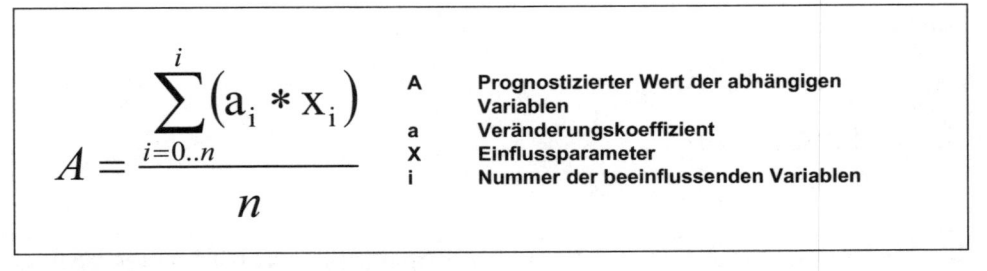

$$A = \frac{\sum_{i=0..n}^{i}(a_i * x_i)}{n}$$

A Prognostizierter Wert der abhängigen Variablen
a Veränderungskoeffizient
x Einflussparameter
i Nummer der beeinflussenden Variablen

Abbildung 41: Formel zur Berechnung der prognostizierten Beeinflussung

	Delivery-on-Time	Process Quality	Process Cycle Time
Delivery-on-Time			
Process Quality	0,6		
Process Cycle Time	0,4		

Abbildung 42: *Einflussmatrix*

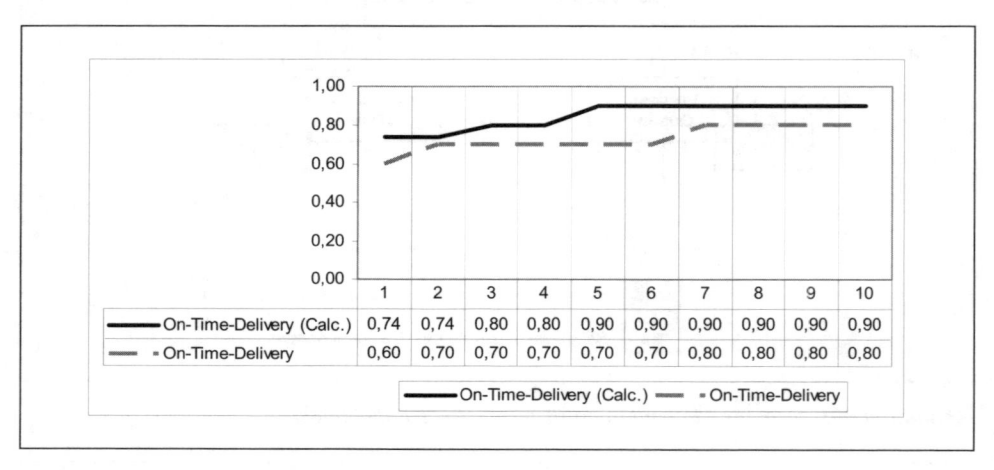

	1	2	3	4	5	6	7	8	9	10
On-Time-Delivery (Calc.)	0,74	0,74	0,80	0,80	0,90	0,90	0,90	0,90	0,90	0,90
On-Time-Delivery	0,60	0,70	0,70	0,70	0,70	0,70	0,80	0,80	0,80	0,80

Abbildung 43: *Vergleich von Ist- und Planwerten der KPIs*

6.4 Kennlinien

Die Basisprozesse bezogen auf den logistischen Ursprung von Supply Chain Management sind die Prozesse Order Fulfillment und Manufacturing Flow Management. Für diese Prozesse gelten die vier grundlegenden Logistikziele:

- kurze Durchlaufzeiten
- hohe Lieferbereitschaft
- hohe Kapazitätsauslastung
- geringe Lagerbestände[231]

Nyhuis und Wiendahl haben die Zusammenhänge der vier Logistikziele bei Arbeitssystemen untersucht. Die vier Logistikziele lassen sich als Logistikkennlinie abbilden, die ähnlich der Motorenkennlinie der Maschinenbauer zu interpretieren ist. „Motorenkennlinien zeigen dem Maschinenbauer, wie sich Drehzahl, Drehmoment und Verbrauch in verschiedenen Betriebszuständen eines Motors zueinander verhalten."[232]

Betrachtet man die Supply Chain als System, so kann dieses System verschiedene Outputs erzeugen, abhängig von seinem Betriebspunkt. Die Supply Chain funktioniert wie ein Auto. Das Auto kann innerhalb seiner Möglichkeiten z. B. die Geschwindigkeit (Kapazitätsauslastung) verändern, mit steigender Geschwindigkeit steigt jedoch auch der Verbrauch (Bestand). Diese Abhängigkeiten existieren beim Auto wie bei der Supply Chain aufgrund der Spezifika des Systems und lassen sich nicht entkoppeln. Die einzige Möglichkeit, den allgemeinen Benzinverbrauch beim Auto zu senken, ist der Einbau eines effizienteren Motors. Bei Supply Chains entspricht das Austauschen des Motors der Durchführung eines Projektes, beispielsweise im Bereich Demand Planning.

Abbildung 44 zeigt eine Produktionskennlinie eines Arbeitssystems z. B. eines Arbeitsplatzes zum Stecken von Leiterplatten unterschiedlichster Konfiguration. Die Produktionskennlinie zeigt den prinzipiellen „Zusammenhang zwischen Durchlaufzeit, Leistung und Bestand in der Fertigung"[233]. Aus der Kurve ist ersichtlich, dass sich eine Erhöhung des mittleren Bestandes am Arbeitsplatz zunächst positiv auf die Leistung auswirkt. Durch einen höheren Bestand werden Out-of-Stock-Situationen vermieden, d. h., der Arbeitsfluss wird nicht durch einen Mangel an Rohstoffen bzw. Halbfertigfabrikaten behindert. Ab einer gewissen Grenze – in diesem Beispiel bei etwa 40 Stunden Bestand – ist eine Leistungserhöhung der Arbeitsstation nicht mehr nennenswert möglich. Eine weitere Erhöhung lässt jedoch die Durchlaufzeit anwachsen. Dies ist darauf zurückzuführen, dass jedes Halbfertigfabrikat zunächst den Puffer des mittleren Bestandes durchlaufen muss, bis es vom Arbeitssystem wieder abfließen kann.

Für Supply Chain Management bedeutet das, dass diese Ziele in jeder Balanced Scorecard berücksichtigt werden sollten. Sie finden sich dann in der Ursache-Wirkungskette wieder. Es ist durch die Untersuchung empirischer Daten oder Simulation möglich, den optimalen Betriebspunkt für Supply Chains zu ermitteln. Zeigt der optimale Betriebspunkt weiterhin Potenziale auf, kann die Analyse auch zu gezielten Verbesserungsprojekten führen. Die Logistikkennlinien müssen daraufhin flacher werden.

Zur Generierung der Kennlinien ist folgender Ablauf zu wählen:

1. Auswahl der Kennzahlen
   Es werden zwei bis vier Kennzahlen ausgewählt, die in einem direkten Spannungsverhältnis zueinander stehen und nicht unabhängig voneinander optimiert werden können. Eine dieser Kennzahlen wird von den anderen kaum beeinflusst, beeinflusst selbst die anderen aber stark.

2. Datenerfassung
   Es werden Daten erfasst bzw. selektiert.

3. Nach unabhängiger Variable sortieren
   Die Daten werden nach der unabhängigen Variable sortiert. Die Werte der unabhängigen Variablen sollen aufsteigend sein.

4. Kennlinie erstellen
   Die unabhängige Variable wird auf der x-Achse eingetragen, die abhängige auf der y-Achse.

5. Vergleich
   Die Kennlinien werden im Folgenden mit prognostizierten Verläufen verglichen. Diese Erkenntnisse ermöglichen ein besseres Verständnis über die Wirkzusammenhänge.

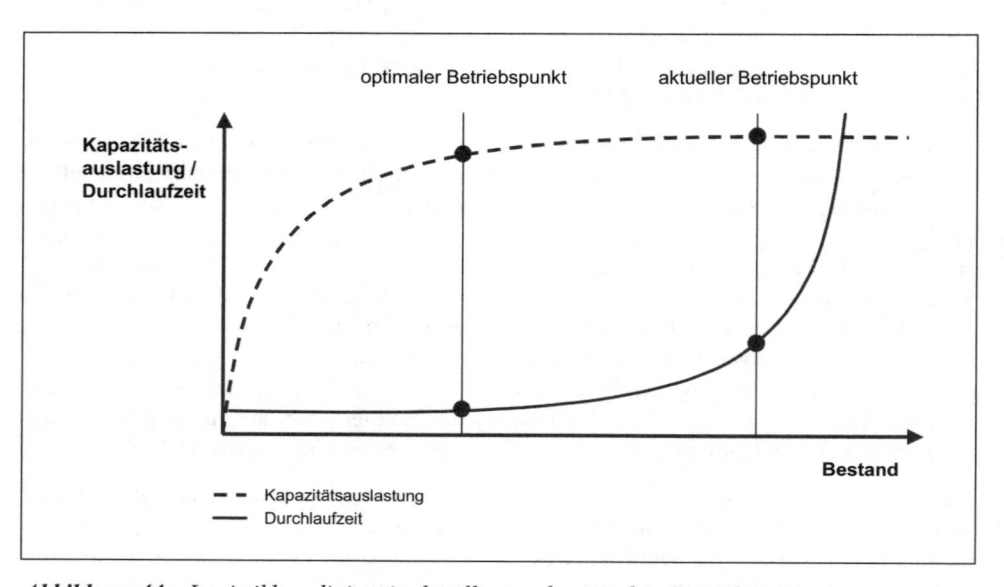

Abbildung 44: Logistikkennlinie mit aktuellem und optimalem Betriebspunkt

Falls die Analyse der Zusammenhänge zeigt, dass die Hypothesen über die Korrelation falsch sind, muss die Ursache analysiert werden. Es kann zwischen inhaltlichen Ursachen und strukturellen Ursachen unterschieden werden.

Inhaltliche Ursachen beziehen sich auf Abweichungen durch fehlerhafte Hypothesen, nicht beachtete, dominierende Kontextfaktoren sowie falsche Annahmen über Abdeckungsgrad und Korrelation von strategischem Ziel und Key Performance Indicator.

■ **Hypothese**
   Hypothesen können falsch oder fehlerhaft sein. Entweder wurde eine falsche Annahme über die Stärke der Korrelation getroffen, oder die prognostizierten Zusammenhänge existieren nicht.

■ **Kontextfaktoren**
Neben der aufgestellten Hypothese kommen für die beeinflusste Variable weitere Kontextfaktoren in Betracht, die in der Ursache-Wirkungskette eventuell noch nicht berücksichtigt sind.

■ **Korrelation zwischen strategischem Ziel und Key Performance Indicator**
Die tatsächliche Korrelation ist stärker oder schwächer als die unterstellte. Diese Möglichkeit ist hauptsächlich bei qualitativen Zielen gegeben.

Strukturelle Ursachen sind systemimmanente Probleme:

■ **Zeitliche Verzögerungseffekte**
Ursache und Wirkung haben starke zeitliche Verzögerungseffekte. Diese zeitliche Verzögerungswirkung wird durch das Konzept nicht berücksichtigt.

■ **Nichtlineare Korrelation**
Bei der Abweichungsanalyse wird ein linearer Zusammenhang unterstellt. Liegen die Intervalle nah beieinander, kann ein linearer Zusammenhang approximiert werden. Bei größeren Intervallen wirkt sich ein nichtlinearer Zusammenhang stark auf das Ergebnis der Abweichungsanalyse aus.

■ **Rückkoppelungen**
Jede Ursache-Wirkungskette hat Rückkoppelungen. Dies lässt sich mit der prinzipiellen finanziellen Auswirkung jeder Wirkung erklären. Beispielsweise wirkt das Ziel *Steigerung der Schulungstage pro Mitarbeiter* auf die Ausschussrate eines Produktionsprozesses. Aus der Lern- und Wachstumsperspektive schlägt sich diese Ursache durch bis auf das finanzielle Ergebnis. Was in diesem Zusammenhang nicht berücksichtigt wird, sind diejenigen Kosten, die für die Schulungen selbst anfallen. Im Normalfall ist diese Rückkoppelung zu vernachlässigen. In einigen Fällen kann sie sich so stark auswirken, dass die Analysen verfälscht werden.

Die Ergebnisse der Analyse sollen nicht Managemententscheidungen durch Algorithmen ablösen, sondern dem Management helfen, seine Intuition besser zu verstehen[234] sowie ständig zu verbessern. Nachdem ein fehlerhafter Zusammenhang identifiziert wurde, gilt es Gegenmaßnahmen einzuleiten. Das Performance-Measurement-System leidet unter den strukturellen Ursachen, kann jedoch helfen, inhaltliche Ursachen zu entdecken. Sind inhaltliche Ursachen gegeben, muss der Zielbildungsprozess neu angestoßen werden. Folgende Korrekturmaßnahmen stehen zur Verfügung:

■ **Strategieüberarbeitung**
Liegt eine fehlerhafte *Theory of Business* zugrunde, sind die Ursachen entweder in den angesprochenen Hypothesenfehlern oder in ignorierten Kontextfaktoren zu suchen. In beiden Fällen muss der Prozess der Strategieentwicklung neu angestoßen werden. Die Strategie bildet anschließend die Basis für eine neue Ursache-Wirkungskette. Bei einer Änderungen der Strategie muss die Konsistenz innerhalb der Supply Chain überprüft werden.

- **Indikatorenauswahl**
Wurde die Strategie geprüft und festgestellt, dass sie korrekt ist, ist der nächste Schritt die Überprüfung der Indikatoren. Entweder wurde der Abdeckungsgrad falsch geschätzt, oder die unterstellte Abhängigkeit zwischen zwei Indikatoren ist eine andere. In diesem Fall gilt es zu prüfen, welche Anpassung der Koeffizienten die Realität am wirkungsvollsten widerspiegelt.

- **Datenerhebungsqualität**
Sind Strategie und Indikatorenauswahl korrekt, kommt als dritter Grund die Datenerhebung in Frage. Der Schlüssel zu einer höheren Datenqualität liegt in einem Wechsel zu quantitativen Maßgrößen und einer besseren Abstimmung der Erfassung durch die einzelnen Akteure.

Fallstudie

Die vorliegende Fallstudie basiert auf der tatsächlichen Situation eines Hightech-Herstellers. Der Hersteller soll AssembleIT AG heißen. Daten und Informationen wurden aus Experteninterviews und Datenextraktion aus den operativen Systemen des Unternehmens gewonnen. In diesem Kapitel wird die Ist-Situation von AssembleIT dargestellt und ein Soll-Konzept entwickelt, wie eine Supply Chain Balanced Scorecard implementiert werden kann.

1. Ist-Situation

Die folgenden Analysen des Marktumfelds und der Prozesse basieren auf **Einschätzungen der Experten** von AssembleIT. Die Aussagen wurden für dieses Buch analysiert und aufbereitet.

1.1 Marktumfeld

Die High-Tech-Industrie ist auf starke SCM-Unterstützung angewiesen. High-Tech-Produkte haben oftmals **Produktlebenszyklen** von nur wenigen Monaten bei teilweise längerer Entwicklungszeit. Die Nachfrage schwankt sehr stark und hat enorme Spitzen zu verzeichnen, typischerweise im dritten Quartal aufgrund der Ferienzeit. Die Wiederbeschaffungszeiten sind sehr lange, da Komponentenhersteller oft in Asien produzieren, die Transportzeit per Containerfracht beträgt mehrere Wochen. Der Wertschöpfungsanteil der Hersteller ist gering, die Produktion sehr materialintensiv. Eine Differenzierung über Technologie ist schwierig, da konkurrierende Hersteller die gleichen Komponenten benutzen. Aufgrund der hohen Materialintensität sind Preisdifferenzierungen schwierig, wenngleich der Preisdruck sehr hoch ist. Ein wichtiges Differenzierungsmerkmal ist deswegen der Service, d. h., die **Logistik** stellt einen entscheidenden **Wettbewerbsvorteil** dar.

AssembleIT schätzt die Wettbewerbssituation der Branche als schwierig ein. Die Eintrittsbarrieren sind relativ gering. Dies zeigt sich an der starken Verbreitung von nur regional aktiven Fachhändlern, die individuelle Systeme herstellen. Substitutionsprodukte greifen Marktanteile ab, hauptsächlich im Entertainment-Bereich. Die Lieferantenmacht ist bei Standardkomponenten zwar zu vernachlässigen, trotzdem gibt es dominierende Lieferanten, wie z. B. Intel. Wie auch die Lieferantenmacht ist die Abnehmermacht durch große Handelsketten sehr ausgeprägt.

1.2 Steuerungssystem

Das Steuerungssystem von AssembleIT orientiert sich an der **Prozessperformance.** SCOR gibt hierfür den Rahmen vor. AssembleIT unterscheidet zwischen finanziellen Berichten und operativen Berichten. Es hat die Kennzahlen in einem Drei-Ebenen-Modell angeordnet, welches den drei SCOR-Ebenen entspricht. Die erste Ebene leitet sich aus Anforderungen der Unternehmensstrategie ab.

Die Zielwerte der Kennzahlen sind historisch gewachsen. Für die Forecast Accuracy beträgt der Zielwert z. B. 80 %. Die Auswahl der Kennzahlen basiert auf Erwartungen über die Unterstützungen der Zielerreichung auf niederen Ebenen für die Höheren.

Beurteilung

Das Performance-Measurement-System wird aktiv genutzt und zur Verhaltenssteuerung der Mitarbeiter eingesetzt. Die Zielerreichung auf den unteren Ebenen wird täglich überprüft und bei Bedarf wird gegengesteuert. Die Zielwerte sind meist historisch gewachsen und orientieren sich weniger an strategischen Zukunftszielen. Auch sind die Ziele des Supply Chain Managements nicht an die Unternehmensziele gekoppelt, der Zusatznutzen der Supply Chain kann somit nicht ausgewiesen werden. Weiterhin sind die Partner unzureichend integriert. Zwar werden auf operativer Ebene Daten und Informationen ausgetauscht, wie zum Beispiel Forecasting-Daten, eine Einbindung in ein gemeinsames Controlling findet jedoch nicht statt.

Auch Schnittstellen finden keine Berücksichtigung. So wird die End-to-End Lead Time erst ab Auftragseingang im Einkauf verfolgt, die Zeit zwischen Auftragseingang im Verkauf und dem Eingang im Einkauf kann somit nicht gemeinsam optimiert werden.

Ursache-Wirkungsbeziehungen sind nicht ausgewiesen. Jede Kennzahl wird für sich betrachtet und optimiert. Kausale Zusammenhänge können somit nicht aufgedeckt, Zielkonflikte nicht aufgelöst werden. In diesem Zusammenhang scheint auch die Aufteilung in Funktionsbereiche nach SCOR problematisch, da hier das Denken in Funktionsbereichen weiterhin gefördert wird. Eine Koppelung an Anreizsysteme verursacht damit wieder eine lokale Optimierung zu Ungunsten einer Gesamtoptimierung.

Fallstudie

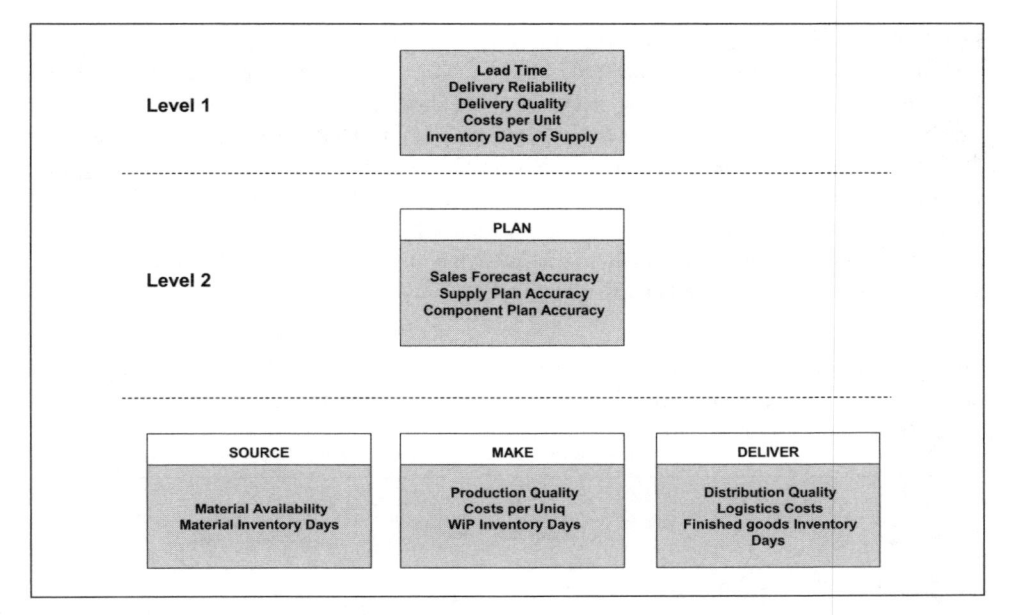

```
┌─────────────────────────────────────────────────────────────┐
│                        ┌──────────────────────┐             │
│                        │      Lead Time       │             │
│         Level 1        │  Delivery Reliability│             │
│                        │   Delivery Quality   │             │
│                        │    Costs per Unit    │             │
│                        │Inventory Days of Supply│           │
│                        └──────────────────────┘             │
│ - - - - - - - - - - - - - - - - - - - - - - - - - - - - - - │
│                        ┌──────────────────────┐             │
│                        │         PLAN         │             │
│         Level 2        │ Sales Forecast Accuracy│           │
│                        │  Supply Plan Accuracy│             │
│                        │Component Plan Accuracy│            │
│                        └──────────────────────┘             │
│ - - - - - - - - - - - - - - - - - - - - - - - - - - - - - - │
│    ┌──────────────┐   ┌──────────────┐   ┌──────────────┐  │
│    │    SOURCE    │   │     MAKE     │   │   DELIVER    │  │
│    │Material Avail.│  │Production Qual.│ │Distribution Qual.│
│    │Material Inv. │   │Costs per Uniq│   │Logistics Costs│  │
│    │    Days      │   │WiP Inv. Days │   │Finished goods │  │
│    │              │   │              │   │ Inventory Days│  │
│    └──────────────┘   └──────────────┘   └──────────────┘  │
└─────────────────────────────────────────────────────────────┘
```

Quelle: AssembleIT
Abbildung 45: *Performance Measurement bei AssembleIT*

1.3 Kennlinienanalyse

Die Kennlinienanalyse soll Zusammenhänge zwischen Logistikzielen offen legen und so Ansätze für Verbesserungsprojekte liefern. Nimmt man die Anzahl der ausgelieferten Einheiten (Shipments) als unabhängige Variable sowie Durchlaufzeit (Lead Time) und Liefertreue (Delivery-On-Time) als abhängige Variable, so könnte für eine Kennlinie folgende Hypothese aufgestellt werden:

1. Mit zunehmender Anzahl ausgelieferter Einheiten steigt die Durchlaufzeit. Da die Kapazität der Prozesse immer mehr an ihre Grenze stößt, steigen die Bestände. Wenn die Bestände steigen, steigt die Durchlaufzeit.

2. Mit zunehmender Anzahl ausgelieferter Einheiten sinkt die Liefertreue. Da die Durchlaufzeit steigt, können zugesagte Liefertermine nicht eingehalten werden. Da die Prozesse an die Grenze ihrer Leistungsfähigkeit getrieben werden, sinkt die Zuverlässigkeit.

Abbildung 46 zeigt die Zusammenhänge zwischen den ausgelieferten Einheiten, der Durchlaufzeit und der Liefertreue. Die angegebenen Werte sind Monatswerte (Shipments), bzw.

Durchschnittswerte der Monate (E2E Lead Time, Delivery-On-Time). Die Werte wurden im Zeitraum von Mai 2002 bis Januar 2004 erhoben. Die erste Hypothese lässt sich durch die Werte bestätigen, die Durchlaufzeit steigt an. Es befinden sich Ausreißer in den Werten, ein Trend ist jedoch erkennbar. Von etwa sieben Tagen bei 100.000 Shipments pro Monat auf etwa neun Tage bei 160.000 Shipments pro Monat. Die zweite Hypothese lässt sich dagegen nicht bestätigen. Die Liefertreue schwankt unabhängig von der auszuliefernden Menge zwischen 87 % und 97 %. Dies lässt auf einen Mechanismus schließen, der unabhängig von den zu bearbeitenden Einheiten funktioniert. Tatsächlich wurde im Jahr 2000 ein Order Promising eingeführt, das über eine Available-to-Promise-Funktionalität jede Lieferung auf ihre Verfügbarkeit hin prüft.

Diese Analyse ist für ausgewählte, kritische Zusammenhänge der Ursache-Wirkungsketten auszuführen. Der Mechanismus bewirkt eine Umstellung des Denkens, weg von der Zeitreihenbeobachtung, hin zu Wirkzusammenhängen.

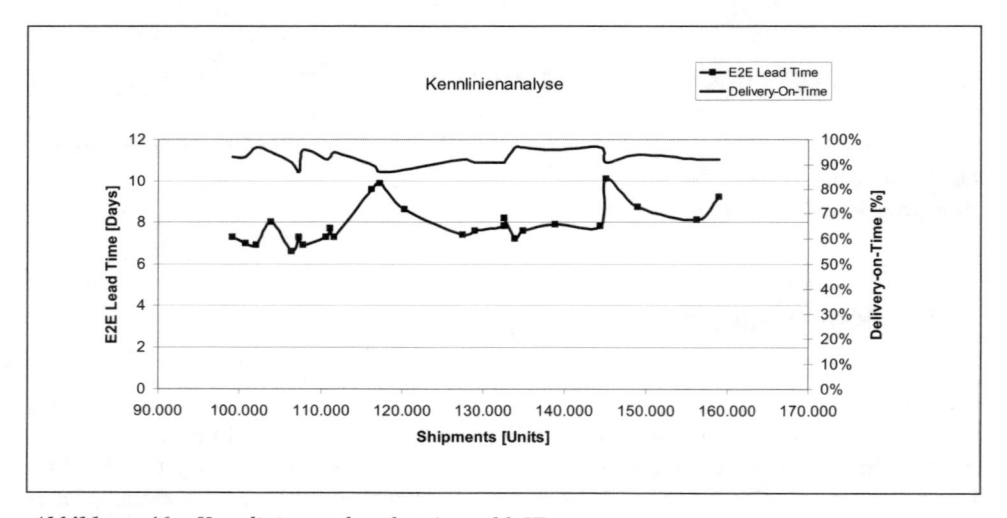

Abbildung 46: *Kennlinienanalyse bei AssembleIT*

2. Soll-Konzept

Im Folgenden wird aufgrund der Ist-Situation und der Beurteilung des bestehenden Steuerungssystems ein Vorschlag für eine Supply Chain Balanced Scorecard erarbeitet. Es werden Perspektiven definiert, Ziele festgelegt, Ursache-Wirkungsketten erarbeitet und Kaskadierungsvorschläge unterbreitet. Der erstellte Vorschlag kann als Diskussionsgrundlage für eine tatsächliche Implementierung herangezogen werden.

2.1 Strategie

Um die Kundenwünsche von großen, mittelgroßen und kleinen Unternehmungen sowie Privatkunden erfüllen zu können, agiert das Unternehmen in allen Kernmärkten Europas, des Mittleren Ostens und Afrika. Es bietet eine einzigartige Auswahl an Technologie- und Infrastrukturlösungen an. AssembleIT konzentriert sich auf unternehmenskritische Lösungen und neue Mobiltechnologien. Dabei werden qualitativ hochwertige Produkte, d. h. Komponenten angeboten. Konkurrenten können ähnliche Produkte anbieten, da sie gleiche Lieferanten haben, deswegen muss auch der Preis ein Differenzierungsmerkmal sein.

AssembleIT setzt auf eine Channel-Strategie und vertreibt stark über Reseller. Die Supply-Chain-Strategie basiert auf einer Kostenreduktion und Serviceerhöhung durch bessere Kollaboration, Planung und Komplexitätsreduzierung. Die Supply Chain besteht aus Vertrieb, Einkauf, Fertigung sowie den Logistikdienstleistern.

2.2 Perspektiven und Ziele

Die Perspektiven der Supply Chain Balanced Scorecard für AssembleIT orientieren sich an dem vorgeschlagenen generischen Muster. Eine eigene Lern- und Wachstumsperspektive scheint nicht sinnvoll, da es sich um eine intraorganisationale Supply Chain handelt und diese Aspekte damit in der Balanced Scorecard des Unternehmens ausgedrückt werden können. Sollte es Spezifika für die Supply Chain geben, können diese Aspekte in der Kooperationsperspektive abgebildet werden. Aufgrund der Channel-Strategie hat AssembleIT Nachteile gegenüber Direktversendern und muss daher stark an der Durchlaufzeit arbeiten.

Perspektive	Ziel	Maßgröße
Finanzen	Profitables Wachstum	Return on Assets
	Kapitalbindung senken	Inventory Days Cash-to-Cash Cycle Time
	Prozesskosten reduzieren	Cost per Box

Perspektive	Ziel	Maßgröße
Endkunden	Nachhaltiges Marktwachstum	Mobility & Business Critical Marktanteil Umsatzanteil außerhalb Deutschlands Umsatzanteil mit Großkunden
	Kundenzufriedenheit erhöhen	Customer Value Ration
	Service verbessern	Delivery-on-Time Standard Lead Time
	Innovationen anbieten	Time-to-Market Phase-In/Phase-Out
Prozesse	Durchlaufzeit verkürzen	E2E Lead Time Planed Material Lead Time Cash-to-Cash Cycle Time
	Bestände senken	Inventory Days
	Flexibilität erhöhen	Upside Production Flexibility % Build-To-Order
	Innovationsplanerfüllung verbessern	Tatsächlicher Einführungstermin – Geplanter Einführungstermin Termin verfügbares Produkt mit innovativer Komponente – Termin Verkaufsstart der neuen Komponenten beim Lieferanten
	Qualität verbessern (Vernetzung zur Lernen- und Entwicklungs-Scorecard des Unternehmens)	% Waste
Kooperation	Prognose verbessern	Sales Forecast Acc. Sales Forecast Component Level Acc. Supply Plan Forecast Acc. # Single-Order-Codes (Komplexität)
	Supplier Collaboration erhöhen	Lieferanten mit Forecasting Anbindung / Gesamtanzahl Lieferanten mit geplanten Teilen
	Kooperationseffizienz erhöhen	E2E Lead Time – (Tage Auftragseingang bis Produktionsstart + Tage Produktionsende bis Transportbeginn)

Abbildung 47: *Supply Chain Balanced Scorecard von AssembleIT*

2.3 Kaskadierung

Die Ziele der Supply Chain Balanced Scorecard müssen im Kaskadierungsprozess auf operative Ebenen heruntergebrochen werden. Da es keine organisatorische Verantwortung für Supply Chain Management als Ganzes gibt, müssen die Ziele den jeweiligen Verantwortlichen zugeordnet und damit ins Anreizsystem integriert werden. In einem späteren Schritt werden die kaskadierten Ziele in Ursache-Wirkungsketten verknüpft. Eine Abstimmung kann in folgender Reihenfolge vorgenommen werden:

1. Abstimmung mit der Balanced Scorecard des **Unternehmens.**
2. Abstimmung mit den Performance-Measurement-Systemen der **Lieferanten** und **Dienstleister.**
3. Abstimmung mit **untergeordneten Balanced Scorecards** bei AssembleIT.

Die Ziele mit einer signifikanten Beziehung werden in das System der Ursache-Wirkungsketten integriert.

2.4 Ursache-Wirkungsketten

Ursache-Wirkungsketten beinhalten die Supply-Chain-relevanten Ziele der Supply Chain Balanced Scorecard, den relevanten Balanced Scorecards der Funktionsbereiche von AssembleIT sowie der relevanten Performance-Measurement-Systeme der Lieferanten, Dienstleister und Kunden. Die Ursache-Wirkungskette von AssembleIT ist in Abbildung 48 dargestellt. Ausgehend von diesen Beziehungen sind sodann die Beziehungen zu anderen Balanced Scorecards herzustellen. Dabei sind die Beziehungen innerhalb der Balanced Scorecards wie auch die BSC-übergreifenden als eigenes Element in die SCBSC-Dokumentation aufzunehmen.

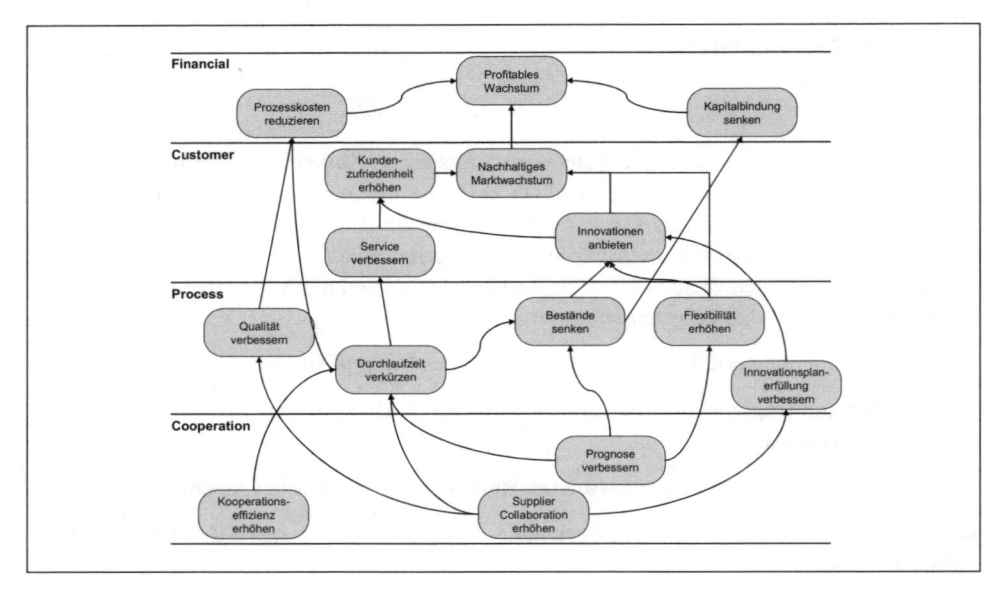

Abbildung 48: Supply Chain Strategy Map bei AssembleIT

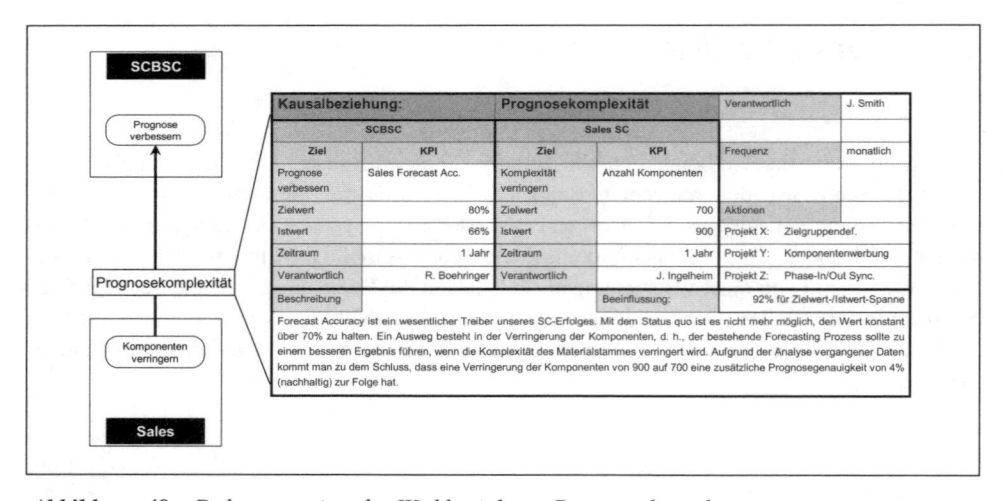

Abbildung 49: Dokumentation der Wirkbeziehung Prognosekomplexität

Abbildung 49 zeigt die Dokumentation der Wirkbeziehung Prognosekomplexität zwischen der Supply Chain Balanced Scorecard und der Balanced Scorecard des Funktionsbereiches Sales. In der Supply Chain Balanced Scorecard wurde das strategische Ziel *Prognose verbessern* identifiziert. Die Prognose kann durch einen besseren Prozess verbessert werden oder durch die Vereinfachung der Datengrundlage. Es besteht ein starker Zusammenhang zwischen der Anzahl der unterschiedlichen Komponenten, die für eine Konfiguration eines PCs zur Verfügung stehen, und der Prognosekomplexität. Da die Prognose zuerst auf der Ebene der PCs definiert wird, gleichen sich Überschätzungen und Unterschätzungen zu einem gewissen Anteil auf Komponentenebene aus. Dieser Effekt verstärkt sich positiv mit abnehmender Anzahl der Komponenten. Für die Supply Chain ist somit das Verringern der Anzahl der Komponenten ein Mittel zur Verbesserung der Prognosegenauigkeit. Die Anzahl Komponenten werden jedoch durch Sales definiert. Sales hat großes Interesse an möglichst vielen Komponenten, um über eine hohe Produktvielfalt möglichst jedes Kundenbedürfnis zu befriedigen. In diesem Beispiel liegt ein Zielkonflikt vor, der gelöst werden muss. Deswegen sind eine Dokumentation und eine Vereinbarung der Zielwerte zwischen den Parteien wichtig.

2.5 Weitere Vorgehensweise

Die Gesamtimplementierung der Supply Chain Balanced Scorecard muss sich für AssembleIT in drei Schritte gliedern:

1. Entwicklung und Ausgestaltung der Supply Chain Balanced Scorecard für die interne Supply Chain. Es müssen alle Funktionsbereiche mit einbezogen werden.

2. Die Supply Chain Balanced Scorecard wird auf die Funktionsbereiche von Zulieferern und Kunden ausgedehnt, die jetzt schon auf operativer Ebene mit AssembleIT zusammenarbeiten.

3. Eine vollständige Integration von Supply-Chain-relevanten Partnern in eine gemeinsame Supply-Chain-Strategie findet statt.

Der dritte Schritt ist bereits weit in die Zukunft gedacht. Zu dieser Zeit haben eventuell auch die Konkurrenten von AssembleIT bereits ein Supply-Chain-Performance-Measurement-System installiert und ihre Partner integriert. Dies bringt die Zulieferer in eine besondere Situation, da sie sich in multiplen Supply Chains direkter Konkurrenten wiederfinden. Dies macht eine weitere Ausdehnung des Konzeptes erforderlich. Unter diesen Umständen müssen nicht nur Individualstrategien und Supply-Chain-Strategien abgestimmt werden, sondern zusätzlich die Strategien konkurrierender Supply Chains. Es findet eine Ausweitung von der bisherigen vertikalen Strategiesynchronisation hin zu einer zusätzlich horizontalen Strategiesynchronisation statt. Unter diesen vielfältigen Spannungsverhältnissen könnte es zu einer Auflösung der Individualstrategie selbst kommen. Einzelne Organisationseinheiten innerhalb der Unternehmen könnten sich jeweils einer Supply Chain zuordnen und vom Restunternehmen lediglich Dienstleistungen erfüllen, die sie zu ihrer Leistungserstellung brauchen.

Schlussbetrachtung

Die Schlussbetrachtung beginnt mit einer Zusammenfassung der Ergebnisse in Kapitel 1. In Kapitel 2 werden die Benefits der Supply Chain Balanced Scorecard analysiert und erläutert. Kapitel 3 schließt das Buch mit einem Ausblick, der Forschungsgebiete im Rahmen der Supply Chain Balanced Scorecard aufzeigt, die durch zukünftige Arbeiten noch abzudecken sind.

1. Zusammenfassung

Supply Chain Management koordiniert Zielsysteme mit divergierenden Interessen. Für das Buch wurden ausschließlich logistische Prozesse betrachtet. Performance Measurement ermöglicht die effektive Strategieimplementierung und Prozessoptimierung. Im Gegensatz zu traditionellen Kennzahlensystemen wird ein moderner Performance-Begriff definiert, der Performance als eine Zielerreichung der Dimensionen Effektivität, Effizienz und der Fähigkeit zum Wandel begreift.

Ein Supply-Chain-weites Performance Measurement stellt hohe Ansprüche an die Organisationen. Es muss eine **einheitliche Strategie** vorliegen. Eine übergreifende Koordination und Standardisierung, z. B. eine Prozesskostenrechnung, muss vorliegen oder möglich sein. Die Balanced Scorecard als Instrument des Performance Measurements ist aus strukturellen und pragmatischen Gründen für Supply Chain Management geeignet. Es ist eines der flexibelsten Systeme und in der Praxis am weitesten verbreitet.

Eine Bewertung von Balanced-Scorecard-Ansätzen für Supply Chain Management existiert noch nicht, deswegen sind vorhandene Anforderungen in der Literatur für eine Evaluierung nicht geeignet. Anforderungen an eine Supply Chain Balanced Scorecard leiten sich aus dem Analyseframework ab, sie werden induziert durch die Bereiche Management, Strukturen und Prozesse. Die Bewertung der Anforderungen ergibt einen Handlungsbedarf für Strukturvorschläge der Perspektiven, für Arten der Key Performance Indicators, Kaskadierungsmodelle und Besonderheiten und Vorteile beim Einsatz von Ursache-Wirkungsketten.

Die Supply Chain Balanced Scorecard ist das Performance-Measurement-System der Führung von Supply Chains. Sie koordiniert divergierende Ziel- und Interessensysteme der Supply-Chain-Akteure nach den Vorgaben des Supply Chain Managements. Die Supply Chain Balanced Scorecard ist ein Instrument zur Strategieimplementierung und Prozessoptimierung.

Die Supply Chain Balanced Scorecard definiert fünf generische Perspektiven: die Finanzperspektive, die Endkundenperspektive, die Prozessperspektive, die Kooperationsperspektive sowie die Lern- und Entwicklungsperspektive. In den Perspektiven werden die strategischen Ziele gebildet, Key Performance Indicators zugeordnet und strategische Aktivitäten definiert.

Die **Key Performance Indicators** der Supply Chain Balanced Scorecard sind **ausgewogen, integriert und standardisiert.** Eine ausgewogene Maßgröße genügt den gleichen Anforderungen, wie sie im traditionellen Balanced-Scorecard-Konzept definiert sind. Hinzu kommt die Ausgewogenheit über die Ebenen Supply Chain, Beziehung und Akteur. Eine integrierte Maßgröße wird der Supply-Chain-Ebene zugeordnet und enthält übergeordnete, von der gesamten Supply Chain angestrebte Ziele. Standardisierte Maßgrößen sind in ihrer Definition Supply-Chain-weit gültig. Dies ist für eine effektive Kommunikation die Voraussetzung. Der Kennzahlenstandard kann proprietär definiert werden, oder es wird ein vorhandener Standard implementiert. In der aktuellen Situation wird SCOR als Kennzahlenstandard empfohlen.

Die Kaskadierung der Supply Chain Balance Scorecard muss die Besonderheit der **partiellen Spannung** beachten. Die Supply-Chain-Akteure haben Interessen außerhalb der Supply Chain, eine Brutstätte für Konflikte. Diese Konflikte sind natürlich und müssen in die Strategie integriert werden. Dazu ist eine stetige Abstimmung der Einzelstrategien mit der SCM-Strategie vorzunehmen, um Inkonsistenzen zu beseitigen. Aufgrund der Komplexität von Balanced Scorecards ist eine Voraussetzung zur Einführung der Supply Chain Balanced Scorecard eine vorhandene Balanced Scorecard bei den Supply-Chain-Akteuren.

Ursache-Wirkungsketten nehmen im Konzept der Supply Chain Balanced Scorecard aufgrund der vielfältigen Verflechtungen mit Akteuren, Prozessen und Ebenen eine besondere Stellung ein. Die grafische Repräsentation der Zusammenhänge hat einen positiven Einfluss auf die Kommunikation und die Akzeptanz durch die Mitarbeiter. Eine Quantifizierung der Zusammenhänge in Einflussmatrizen unterstützt das gemeinsame Verständnis der Strategie. In Teilbereichen ist eine Analyse der Wirkzusammenhänge durch Logistikkennlinien von Vorteil.

Die Fallstudie AssembleIT, basierend auf einem IT-Unternehmen, zeigt eine Lösung für eine Supply Chain Balanced Scorecard, die so bei AssembleIT diskutiert und eingeführt werden könnte.

Schlussbetrachtung

2. Nutzenbetrachtung

Die Nutzenbetrachtung der Supply Chain Balanced Scorecard setzt bei der Nutzenbetrachtung der Balanced Scorecard an und überträgt den Nutzen auf besondere Vorteile in Supply-Chain-Szenarien. Folgende zentrale Benefits lassen sich ableiten:

- Strategieumsetzung
- Potenzialnutzung
- Konsistenz der Kommunikation
- Transparenz für Stakeholder
- Ressourcenallokation
- Business Case

Strategieumsetzung

Nachdem die Supply-Chain-Strategie operationalisiert wurde, lässt sie sich mit den Einzelstrategien zusammenführen. Eine Abstimmung auf Zielebene lässt sich eindeutiger durchführen als auf der Ebene der abstrakten Vorstellung einer Strategie. Ziele dienen als Diskussionsgrundlage, sie sind konkret und sie sind aktionsorientiert. Aus Zielen lassen sich Handlungen ableiten, Handlungen, die konform zur Strategie sind und ihr Erreichen damit unterstützen. Das Herunterbrechen von Zielen und die **Transparenz der Wirkbeziehungen** ermöglichen ein Verstehen der Strategie auf allen Leistungsebenen und bewirken eine Verhaltensänderung bei jedem einzelnen Mitarbeiter.

Potenzialnutzung

Durch horizontale und vertikale Zielabstimmung in der Supply Chain wird die vormalige Black-Box zu einer **White-Box.** Transparenz von Prozessen und Strategie fördert einen partnerschaftlichen, einen lösungsorientierten Verbesserungsprozess. Transparenz ermöglicht die Identifikation von Potenzialen außerhalb der eigenen organisatorischen Grenzen der Akteure, sie ermöglicht die Erschließung neuer Potenziale durch neue Formen der Kollaboration in der Supply Chain.

Konsistenz der Kommunikation

Die durch die Supply Chain Balanced Scorecard aufgestellte *Theory of Business* ist eine von allen Partnern akzeptierte These über das Zusammenwirken der Handlungen und deren Auswirkung auf den gemeinsamen Erfolg. Die Dokumentation der Strategie und dieser Zusammenhänge in der Strategy Map auf strategischer Ebene und die Standardisierung von

KPIs auf Implementierungsebene sichern ein kollektives Verständnis der Strategie und der Vorgehensweise. Es sichert die Konsistenz in der **vertikalen Kommunikation** zur Implementierung der Strategie genauso wie in der **horizontalen Kommunikation** zwischen den Akteuren bei der Auflösung von Zielkonflikten.

Transparenz für Stakeholder

Die Konsistenz der Kommunikation und das zugrunde liegende, gemeinsame Verständnis der Strategie erhöhen die Transparenz für Stakeholder, im Besonderen für die Mitarbeiter. Die Supply Chain Balanced Scorecard verhindert widersprüchliche Ansichten und stiftet Einigkeit statt Verwirrung. Durch die gegebene Transparenz kann im optimalen Fall jeder Mitarbeiter nachvollziehen, wie seine Leistung den Erfolg beeinflusst.

Ressourcenallokation

Durch die Strategy Map ist die Wirkkette des Erfolges dokumentiert und akzeptiert. Eine Zuordnung von Ressourcen zu Projekten lässt sich durch eine Bewertung der Strategiebeteiligung vornehmen. Im Rahmen der Investitionsrechnung lässt sich der Nutzen mittelbar über das unterstützte Ziel bis auf den finanziellen Erfolg quantifizieren.

Business Case

Ähnlich der Ressourcenallokation unterstützt die Supply Chain Balanced Scorecard die Definition von Business Cases. Von strategischen Projekten über strategische Ziele lässt sich der Nutzen eines Projektes quantifizieren. Diese Fundierung von Business Cases hilft für interne Projekte, sie hilft auch für externe Projekte. Zum einen für Berater, die zusammen mit dem Kunden den Nutzen von Projekten analysieren können, zum anderen für den Kunden, der für sich eine Bewertung des Nutzens auf Grundlage der Projektdokumentation durchführen kann.

3. Ausblick

Der Nutzen der Supply Chain Balanced Scorecard liegt in der operativen Abstimmung der Strategie der Supply-Chain-Akteure zur mittelfristigen Maßnahmenplanung. Die Supply Chain Balanced Scorecard leistet, was akteurbezogene Performance-Measurement-Systeme nicht leisten können, und ist damit ein zukunftsweisender Controllingansatz.

Zu folgenden Punkten besteht noch Forschungsbedarf:

- Vorgehensweise zur Implementierung

Schlussbetrachtung

- Modelle zur inhaltlichen Ausgestaltung
- Standardisierte Maßgrößen
- Organisatorische Einbettung
- Weiterentwicklung unterstützender Konzepte
- Klassifikation und Beschreibung von Anwendungsszenarien

Vorgehensweise zur Implementierung

Neben dem strukturellen Aufbau einer Supply Chain Balanced Scorecard ist deren Implementierung eine Voraussetzung für den Anwendungserfolg. Die Schwierigkeit bei der Entwicklung einer Vorgehensweise ist nicht so sehr der derzeitige Forschungsstand, bestimmt lässt sich aus den Balanced-Scorecard-Ansätzen ein Supply-Chain-spezifischer ableiten, vielmehr ist die mangelnde empirische Grundlage ein Hindernis. Praxisnahe Erkenntnisse lassen sich nur aus abgeschlossenen Projekten gewinnen, die ihre Erfolgsfaktoren dokumentieren und wissenschaftlich aufarbeiten.

Modelle zur inhaltlichen Ausgestaltung

Die inhaltliche Ableitung strategischer Ziele und Maßgrößen ist ein neues Forschungsfeld. In diesem Buch wurden zwar Ansätze zur Kennzahlengenerierung vorgestellt, diese sind allerdings noch nicht in der Praxis erprobt und müssen weiter ausgebaut werden. Es scheint sich ein zusätzlicher Aggregationsgrad für diese Kennzahlen abzuzeichnen, was die **kognitive Verarbeitung** durch das Management erschwert. Wichtig ist eine Herausarbeitung von einfach zugänglichen Kennzahlen, welche trotzdem das geforderte Aggregationsniveau einhalten.

Standardisierte Maßgrößen

SCOR ist der Referenzstandard für Supply Chain Management. Defizite von SCOR wurden aufgezeigt, vor allem die unzureichende Berücksichtigung von Prozessen im Umfeld von Supply Chain Management behindert einen effektiven Einsatz von SCOR. Gerade der Bereich Product Development, ein wesentlicher Innovationstreiber, der auch strategisch alle künftigen Prozesse beeinflusst, wird ignoriert. Eine Ausdehnung des SCOR-Ansatzes auf diese Prozesse ist der nächste Schritt. Bis dahin müssen Supply Chains proprietäre Standards definieren, damit sie effektiv kommunizieren und zusammenarbeiten können.

Organisatorische Einbettung

Über die strukturelle Verknüpfung der individuellen Performance-Measurement-Systeme hinaus muss die Frage der organisatorischen Einbettung beantwortet werden. Gremien und Stellenbeschreibungen sind zu definieren, die das Konzept mit Leben füllen. Machtstrukturen und Weisungsbefugnisse müssen analysiert werden. Es stellen sich Fragen nach den organisatorischen Mechanismen zur Problemlösung. Soll es institutionalisierte Gremien geben, die bei nicht lösbaren Konflikten als Schlichter agieren?

Weiterentwicklung unterstützender Konzepte

Eine praxisnahe Erörterung von Supply-Chain-Balanced-Scorecard-Konzepten kann erst dann in vollem Umfang durchgeführt werden, wenn es praktisch möglich wird, die gewollten Ziele auch implementieren zu können. Am Beispiel der Berechnung des Return on Assets wurde gezeigt, welche Schwierigkeiten sich bei der Umsetzung ergeben. Als dringlichste Frage erscheint die Weiterentwicklung von **unternehmensübergreifenden Controllingtools**, allen voran die Prozesskostenrechnung. Es wurde auch gezeigt, dass praxisnahe Lösungen möglich sind. Konsistenz ist in diesem Stadium wichtiger als Exaktheit, vor allem unter dem Mantel der Strategieimplementierung, deren Messung a priori von starker Unschärfe geprägt ist.

Klassifikation und Beschreibung von Anwendungsszenarien

In der gleichen Art und Weise, wie die Balanced Scorecard für unterschiedliche Anwendungsbereiche differenziert wurde, sei es für Non-Profit-Organisationen, Krankenhäuser, Verwaltungen, Industriebetriebe, Banken oder Werbeagenturen, muss sie auch für Supply-Chain-Szenarien differenziert werden. Differenzierungsmerkmale sind zum Beispiel

- Branche,
- Supply-Chain-Konfiguration und
- Wertschöpfungsstufe.

Innerhalb der Szenarien sind keine strukturellen Besonderheiten zu untersuchen sondern inhaltliche. Wie muss der Implementierungsprozess aussehen? Welche organisatorische Einbettung ist vorgesehen? Gibt es standardisierte Kennzahlensysteme und wie können sie integriert werden? Wie können die Balanced Scorecards realisiert werden? Wie werden besondere Spannungsverhältnisse bei multiplen Supply-Chain-Mitgliedschaften aufgelöst?

Multiple Supply Chain Mitgliedschaften werden auch für Performance-Measurement-Systeme eine große Herausforderung sein. Komplexität und Geschwindigkeit der Marktveränderungen werden in diesen Szenarien dazu führen, dass die verfügbare **Aufmerksamkeit des Managements** nicht mehr ausreicht, um die Geschäfte optimal zu steuern. In diesem Fall müssen organisatorische Veränderungen eingeführt werden, welche die **Komplexität** wieder **verringern**. Die Supply Chain Balanced Scorecard begleitet Entscheider in diesen komplexen Situationen und lenkt die Aufmerksamkeit auf die richtigen und wichtigen Entscheidungen. Sie unterstützt Supply Chains dabei, ihre Strategie zu implementieren, einen **Mehrwert** für den Endkunden zu schaffen und den Wert der Supply Chain zu erhöhen.

Anmerkungen

1 Vgl. Cooper/Lambert/Pagh 1997, S. 9.
2 Christopher 1998, S. 16. Vgl. Handfield/Nichols 1999, S. 64.
3 Vgl. Großpietsch/Thonemann 2003, S. 35. Vgl. Thonemann et al. 2003, S. 30-31.
4 Vgl. BME – Bundesverband für Materialwirtschaft, Einkauf und Logistik e. V. 2000.
5 Affeld 2002, S. 20.
6 Vgl. Affeld 2002, S. 20.
7 Vgl. Accenture 2003. Vgl. Nienhaus et al. 2003.
8 Kaplan/Norton 1992, S. 71.
9 Cooper/Lambert/Pagh 1997, S. 9.
10 Vgl. Porter 2000, S. 83-85.
11 Porter 2000, S. 83.
12 Cooper/Lambert/Pagh 1997, S. 1.
13 Vgl. Cooper/Lambert/Pagh 1998, S. 2. Vgl. Stadtler 2002, S. 19.
14 Oliver/Webber 1992, S. 67.
15 Vgl. Bechtel/Jayaram 1997, S. 15-20.
16 Vgl. Handfield/Nichols 1999, S. 2. Vgl. Werner 2002, S. 6. Vgl. Ayers 2001, S. 7. Vgl. Cooper/Lambert/Pagh 1997, S. 2. Vgl. Stadtler 2002, S. 9. Vgl. Bechtel/Jayaram 1997, S.17. Vgl. Mentzer et al. 2001, S. 2. Vgl. Oliver/Webber 1992, S. 64.
17 Vgl. Schönsleben 2000, S. 7.
18 Christopher 1998, S. 15.
19 Cooper/Lambert/Pagh 1997, S. 2.
20 Cooper/Lambert/Pagh 1997, S. 5.
21 Vgl. Cooper/Lambert/Pagh 1997, S. 1.
22 Vgl. Engelke/Rausch 2002, S. 186-187.
23 Vgl. Affeld 2002, S. 14. Vgl. Handfield/Nichols 1999, S. 42-43.
24 Vgl. Zimmerman 2003, S. 33.
25 Vgl. Christopher 1998, S. 13. Vgl. Cooper/Lambert/Pagh 1997, S. 3.

[26] Vgl. Thaler 2001, S. 18-19. Allgemeiner: Kosten, Zeit, Qualität und Flexibilität, vgl. Werner 2002, S. 10. Kosten, Zeit und Qualität, vgl. Weber 2000, S. 266. Termineinhaltung, Durchlaufzeit, Leistung, Bestand und Kosten, vgl. Nyphius/Wiendahl 1999, S. 10. Supply-Chain-Kosten, Lieferservicegrad, Bestände und Durchlaufzeit, vgl. Affeld 2002, S. 20.

[27] Vgl. Werner 2002, S. 10.

[28] Werner 2002, S. 89.

[29] Zum Vergleich sei das Aufgabenmodell von Laakmann/Nayabi/Hieber 2003 genannt, welches sich ausschließlich auf Logistikaufgaben konzentriert.

[30] Vgl. Cooper/Lambert/Pagh 1997, S. 5.

[31] Cooper/Lambert/Pagh 1997, S. 5.

[32] Vgl. Croxton/García-Dastugue/Lambert 2001, S. 14-32.

[33] Vgl. Cooper/Lambert/Pagh 1998, S. 11.

[34] Vgl. Cooper/Lambert/Pagh 1998, S. 11.

[35] Vgl. Cooper/Lambert/Pagh 1998, S. 11.

[36] Vgl. Cooper/Lambert/Pagh 1998, S. 9.

[37] Vgl. Kernler 2003, S. 38.

[38] Vgl. Spens/Bask 2002, S. 74-78.

[39] Vgl. Cooper/Lambert/Pagh 1998, S. 5.

[40] Vgl. Cooper/Lambert/Pagh 1998, S. 6.

[41] Vgl. Cooper/Lambert/Pagh 1998, S. 7-8.

[42] Vgl. Johnson/Kaplan, S. 2-3.

[43] Vgl. Schrank 2002, S. 14.

[44] Vgl. Schrank 2002, S. 8-14.

[45] Vgl. Bedrup 1995, S. 85.

[46] Vgl. Kaplan/Norton 2001. Vgl. Kaplan/Norton 2002.

[47] Gleich 1997, S. 115.

[48] Vgl. Klingebiel 2000, S. 31.

[49] Vgl. Eccles 1991, S. 131-137.

[50] Vgl. Johnson/Kaplan 1987.

[51] Johnson/Kaplan 1987, S. 262.

[52] Vgl. Bedrup 1995, S. 86-87.

[53] Vgl. Erdmann 2003, S. 83-90.

[54] Neely 1998, S. 36.

[55] Vgl. Grüning/Günther 2002, S. 7.

Anmerkungen

56 Simons 2000, S. 234.

57 Vgl. Schrank 2002, S. 16-18.

58 Vgl. Gladen 2003, S. 12-13.

59 Vgl. Gladen 2003, S. 13.

60 Gladen 2003, S. 15.

61 Hoffmann 1999, S. 103.

62 Vgl. Kaplan/Norton 1996, S. 31-32. Erstmals unter der Bezeichnung Key Performance Driver und Key Performance Outcome bei Walsh 1996.

63 Vgl. Klingebiel 2000, S. 149-150.

64 Ahn/Dyckhoff 2001, S. 115.

65 Vgl. Macharzina 1999, S. 169-173.

66 Anzahl der Ziele: 5 * 2 = 10. Jedes dieser zehn Ziele hat jeweils einen Konflikt zu 4 * 2 = 8 anderen Zielen. Dies führt zu 80 Zielkonflikten. Die allgemeine Formel für Kooperationsnetzwerke, in denen jedes Unternehmen jeweils gleich viele Ziele hat: (Mitglieder * Ziele pro Mitglied) * (Mitglied – 1) * (Ziele pro Mitglied). D. h. für wachsende Netzwerke ist ein maximal quadratisches Wachstum zu erwarten.

67 Klingebiel 2000, S. 31-32.

68 Vgl. Nicolai/Kieser 2002.

69 Vgl. Otto 2002, S. 1.

70 Vgl. Simons 2000, S. 11.

71 Vgl. Goldhaber 1997a. Vgl. Goldhaber 1997b.

72 Vgl. Simons 2000, S. 11.

73 Vgl. LaLonde/Pohlen 1996, S. 8-9.

74 Oliver/Webber 1992, S. 66.

75 Vgl. LaLonde/Pohlen 1996, S. 5.

76 Cooper/Lambert/Pagh 1997, S. 5.

77 Vgl. Göpfert 2001, S. 350.

78 Häse 2002, S. 48.

79 Göpfert 2002, S. 36.

80 Vgl. Kummer 2001, S. 81.

81 Vgl. Bacher/Groll/Weber 2002a, S. 148-150.

82 Zimmermann 2003, S. 94.

83 Vgl. Bacher/Groll/Weber 2002a, S. 148.

84 Weber 1995, S. 20.

[85] Weber 2002, S. 9.

[86] Weber 2002, S. 9.

[87] Vgl. Weber 2002, S. 9-16.

[88] Vgl. Kummer 2001, S. 86.

[89] Vgl. Gladen 2003, S. 116-123.

[90] Weber 1994, S. 32.

[91] Vgl. Weber 1994, S. 32-33.

[92] Vgl. Supply Chain Council 2003, S. 1.

[93] Vgl. Supply Chain Council 2003, S. 1.

[94] Vgl. Hagen et al. 2002, S. 47.

[95] Vgl. Supply Chain Council 2003, S. 1-10.

[96] Vgl. Supply Chain Council 2003, S. 6.

[97] Supply Chain Council 2003, S. 2.

[98] Zu einem Vergleich gängiger Performance Measurement Systeme im Bezug auf Supply Chain Management, vgl. Erdmann 2003, S. 109-175.

[99] Vgl. Horváth et al. 1999.

[100] Vgl. Günther/Grüning 2002.

[101] Günther/Grüning 2002, S. 6.

[102] Kaplan/Norton 1992, S. 73.

[103] Vgl. Kaplan/Norton 1996, S. 25.

[104] Vgl. Kaplan/Norton 1996, S. 34-35.

[105] Vgl. Kaplan/Norton 1996, S. 47.

[106] Vgl. Kaplan/Norton 1996, S. 63.

[107] Vgl. Kaplan/Norton 1996, S. 64.

[108] Vgl. Horváth & Partner 2001, S. 27.

[109] Vgl. Kaplan/Norton 1996, S. 96.

[110] Vgl. Kaplan/Norton 1996, S. 127.

[111] Vgl. Kaplan/Norton 2001, S. 63.

[112] Kaplan/Norton 2001, S. 63.

[113] Horváth & Partner 2001, S. 39.

[114] Vgl. Kaplan/Norton 1996, S. 30-31.

[115] Fawcett/Clinton 1996, S. 40-46.

[116] Vgl. Cooper/Lambert 2000, S. 65. Vgl. Christopher 1998, S. 16.

Anmerkungen

[117] Vgl. Corsten/Gössinger 2001, S. 97.
[118] Vgl. Kapitel 2.1.3.
[119] Vgl. Porter 1999, S. 403-404.
[120] Vgl. Hippe 1997, S. 51.
[121] Vgl. Angeli/Scheer 2002, S. 374-77.
[122] Vgl. Angeli/Scheer 2002, S. 373.
[123] Vgl. Cooper/Lambert 2000, S. 70-71.
[124] Vgl. Bacher/Weber/Groll 2002a, S. 152-155. Vgl. Rautenstrauch 2002, S. 356-357.
[125] Pfohl 2000, S. 35.
[126] Vgl. Kapitel 2.1.3.
[127] Hess/Schuhmann 1999, S. 364.
[128] Vgl. Hess/Schuhmann 1999, S. 364.
[129] Vgl. Baumgarten/Sommel/Beyer 2003, S. 12. Vgl. Zimmermann 2003, S. 100.
[130] Vgl. Seuring 2001, S. 615-621.
[131] Vgl. Lucke 2001, S. 43-44.
[132] Oliver/Webber 1992, S. 66.
[133] Vgl. Ortmann/Sydow 1999, S. 207-208.
[134] Handfield/Nichols 1999, S. 66.
[135] Vgl. Brewer/Speh 2001, S. 49.
[136] Vgl. Brewer/Speh 2001, S. 52.
[137] Vgl. Brewer/Speh 2001, S. 50 f.
[138] Vgl. Daldrup/Lange/Schaefer 2001, S. 75-77. Eine ähnliche Abgrenzung nach Mikro-, Meta- und Makroebene findet sich bei Zimmermann 2003, S. 82-83.
[139] Vgl. Daldrup/Lange/Schaefer 2001, S. 78.
[140] Daldrup/Lange/Schaefer 2001, S. 79.
[141] Vgl. Daldrup/Lange/Schaefer 2001, S. 81.
[142] Erdmann 2003, S. 177.
[143] Vgl. Erdmann 2003, S. 173.
[144] Vgl. Erdmann 2003, S. 181-182.
[145] Vgl. Erdmann 2003, S. 179-181.
[146] Erdmann 2003, S. 196.
[147] Vgl. Erdmann 2003, S. 184-185.
[148] Vgl. Handfield/Nichols 1999, S. 63-64.

[149] Vgl. Otto 2002, S. 247.

[150] Otto 2002, S. 247.

[151] Vgl. Otto 2002, S. 248.

[152] Vgl. Otto 2002, S. 379.

[153] Vgl. Kapitel 2.1.3.

[154] Vgl. Stölzle/Heusler/Karrer 2001, S. 75.

[155] Vgl. Zäpfel/Piekarz 1996, S. 18-23.

[156] Vgl. Stölzle/Heusler/Karrer 2001, S. 80-81.

[157] Vgl. Stölzle/Heusler/Karrer 2001, S. 82.

[158] Vgl. Bacher/Groll/Weber 2002b, S. 133.

[159] Bacher/Groll/Weber 2002b, S. 135.

[160] Vgl. Bacher/Groll/Weber 2002b, S. 135-136.

[161] Vgl. Bacher/Groll/Weber 2002, S. 137-139.

[162] Vgl. Bacher/Groll/Weber 2002, S. 140.

[163] Vgl. Bacher/Groll/Weber 2002, S. 138. Weitere Untersuchungen dazu von Otto, der die Supply Chain aus der Perspektive eines sozialen Netzwerkes untersucht. Vgl. Otto 2002, S. 292-327.

[164] Vgl. Weber 2002, S. 227-228.

[165] Werner 2002, S. 271.

[166] Vgl. Werner 2002, S. 271.

[167] Vgl. Werner 2002, S. 270.

[168] Vgl. Werner 2002, S. 279.

[169] Vgl. Werner 2002, S. 282.

[170] Vgl. Werner 2002, S. 271.

[171] Zimmermann 2003, S. 124.

[172] Vgl. Zimmermann 2003, S. 125.

[173] Zimmermann 2003, S. 148.

[174] Vgl. Zimmermann 2003, S. 147-150.

[175] Vgl. Ackermann 2003, S. 299.

[176] Vgl. Zimmermann 2003, S. 124.

[177] Vgl. Otto 2002, S. 1.

[178] Zusätzlich zu den Voraussetzungen bei der Implementierung der Balanced Scorecard. Vgl. Friedag/Schmidt 2001, S. 88-90.

[179] Vgl. Erdmann 2003, S. 181.

Anmerkungen

[180] In Anlehnung an Erdmann 2003, S. 181-182.

[181] Zimmermann 2003, S. 125. Vgl. Hippe 1997, S. 189.

[182] Vgl. Miller 1963. George Miller hat mit seinem revolutionären Artikel „The Magic Number Seven Plus or Minus Two" nachgewiesen, dass es Grenzen in der Kapazität der menschlichen Informationsverarbeitung gibt. Menschen können mit sieben (plus oder minus zwei) Informationen gleichzeitig arbeiten. Was darüber hinaus geht, überfordert die Verarbeitungskapazität. Diese von ihm benannte „Magic Number Seven" findet sich in vielen Konzepten wieder, so auch in der Balanced Scorecard mit ihrer begrenzten Anzahl an Perspektiven und Kennzahlen.

[183] Vgl. Zimmermann 2003, S. 124.

[184] Vgl. Kaplan/Norton 1996, S. 34-35.

[185] Für allgemeine Perspektivenvorschläge vgl. z. B. Friedag/Schmidt 2001, S. 259-268.

[186] Vgl. Horváth & Partner 2001, S. 38-39.

[187] Vgl. Bacher/Groll/Weber 2002b, S. 135. Er benutzt jedoch zwei unterschiedliche Perspektiven: die Kooperationsqualitätsperspektive und die Kooperationsintensitätsperspektive.

[188] Vgl. Bacher/Groll/Weber 2002b, S. 139.

[189] Vgl. Bacher/Groll/Weber 2002b, S. 139.

[190] Vgl. Kaplan/Norton 1996, S. 134.

[191] Vgl. Niven 2002, S. 164.

[192] Vgl. Kaplan/Norton 1996, S. 30-31.

[193] Vgl. Horváth & Partner 2001, S. 40.

[194] Vgl. Kaplan/Norton 1996, S. 31.

[195] Vgl. Burduroglu/Lambert 2000, S. 2.

[196] Vgl. Burduroglu/Lambert 2000, S. 2.

[197] Vgl. Copeland/Murrin/Koller 2002, S. 176.

[198] Vgl. Christopher/Ryals 1999, S. 4.

[199] Vgl. Lambert/Pohlen 2001, S. 2.

[200] Vgl. Christopher 1998, S. 92-100.

[201] Vgl. LaLonde/Pohlen 1996.

[202] Erdmann 2003, S. 191.

[203] Vgl. Kaplan/Norton 2001, S. 80.

[204] Vgl. Brewer/Speh 2000, S. 87.

[205] Vgl. Bechtel/Jayaram 1997, S. 24.

[206] Zimmermann 2003, S. 149.

[207] Zuordnung zu Assets vgl. Supply Chain Council 2003, S. 9. Zuordnung zur Finanzperspektive vgl. Erdmann 2003, S. 184. Vgl. Kaplan/Norton 1996, S. 58-59.

[208] Vgl. Erdmann 2003, S. 197.

[209] Vgl. Bacher/Groll/Weber 2002b, S. 135.

[210] Vgl. Zimmermann 2003, S. 100.

[211] Erdmann 2003, S. 196.

[212] Vgl. Kaplan/Norton 2001, S. 85.

[213] Vgl. Stölzle/Heusler/Karrer 2001.

[214] Vgl. Bechtel/Jayaram 1997, S. 24. Vgl. Brewer/Speh 2000, S. 84.

[215] Vgl. Zimmermann 2003, S. 148-149.

[216] Supply Chain Council 2003, S. 262.

[217] Vgl. Lambert/Pohlen 2001, S. 10-11.

[218] Vgl. Kapitel 5.3.1.

[219] Vgl. Weber 2002, S. 220. Vgl. Kapitel 3.2.5.

[220] Supply Chain Council 2003, S. 2.

[221] Vgl. Niven 2002, S. 204.

[222] Vgl. Kaplan/Norton 1996, S. 30-31.

[223] Vgl. Weber/Schäffer 1999, S. 15.

[224] Vgl. Stölzle/Heusler/Karrer 2001, S. 79.

[225] Vgl. Wall 2001, S. 66-67.

[226] Vgl. Wall 2001, S. 68.

[227] Vgl. Wall 2001, S. 68.

[228] Vgl. Gomez/Probst 1991, S. 11-16. Vgl. Gomez/Probst 1995, S. 85.

[229] Vgl. Bechtel/Jayaram 1997, S. 24.

[230] Vgl. Horváth & Partner 2001, S. 39-44.

[231] Vgl. Schneider/Wiendahl 2001, S. 9.

[232] Kernler 1996, S. 47.

[233] Wiendahl 1987, S. 207.

[234] Bezogen auf die Balanced Scorecard und die Analyse der Ursache-Wirkungsketten, vgl. Wall 2001, S. 66.

Literaturverzeichnis

ACCENTURE: Connecting with the Bottom Line. A Global Study of Supply Chain Leadership and its Contribution to the High Performance Business. o. O.: Accenture, 2004. http://www.accenture.com/xdoc/en/services/scm/scm_thought_fp.pdf. (23.02.2004)

ACKERMANN, INGMAR: Using the Balanced Scorecard for Supply Chain Management – Prerequisits, Integration Issues, and Performance Measures. In: Strategy and organization in supply chains. Seuring, Stefan [u. a.] [Hrsg.]. Heidelberg [u. a.]: Physica, 2003, S. 289-304.

AFFELD, DENNIS: Mit Best Practice im Supply Chain Management (SCM) zur Optimierung der Wertschöpfungskette. In: Supply Network Management. Voegele, Andreas; Zeuch, Michael [Hrsg.]. Wiesbaden: Gabler, 2002, S. 13-30.

AHN, HEINZ; DYCKHOFF, HARALD: Sicherstellung der Effektivität und Effizienz der Führung als Kernfunktion des Controllings. In: Kostenrechnungspraxis 45 (2001), H. 2, S. 111-121.

AL-LAHAM, ANDREAS; WELGE, MARTIN: Strategisches Management. Grundlagen – Prozess – Implementierung. 2. Auflage. Wiesbaden: Gabler, 1999.

ANGELI, RALF; SCHEER, AUGUST-WILHELM: Management dynamischer Unternehmensnetzwerke. In: Integriertes Supply Chain Management. Theorie und Praxis effektiver unternehmensübergreifender Geschäftsprozesse. Busch, Axel; Dangelmaier, Wilhelm [Hrsg.]. Wiesbaden: Gabler, 2002, S. 363-384.

AYERS, JAMES: Handbook of supply chain management. Boca Raton [u. a.]: St. Lucie Press [u. a.], 2001.

BACHER, ANDREAS; GROLL, MARCUS; WEBER, JÜRGEN: Supply-Chain-Controlling. In: Integriertes Supply Chain Management. Theorie und Praxis effektiver unternehmensübergreifender Geschäftsprozesse. Busch, Axel; Dangelmaier, Wilhelm [Hrsg.]. Wiesbaden: Gabler, 2002, S. 145-166. [Bacher/Groll/Weber 2002a]

BACHER, ANDREAS; GROLL, MARCUS; WEBER, JÜRGEN: Konzeption einer Balanced Scorecard für das Controlling von unternehmensübergreifenden Supply Chains. In: Kostenrechnungspraxis 46 (2002), H. 3, S. 133-141. [Bacher/Groll/Weber 2002b]

BACHER, ANDREAS; GROLL, MARCUS; WEBER, JÜRGEN: Zahlen zum Ziel. In: Logistik Heute (2002), H. 4, S. 40-41. [Bacher/Groll/Weber 2002c]

BACHER, ANDREAS; GROLL, MARCUS; WEBER, JÜRGEN: Steuerung der Supply Chain. Aber mit welchen Instrumenten? Vallendar: WHU-Otto-Beisheim-Hochschule, Lehrstuhl für Betriebswirtschaftslehre, 2003. [Bacher/Groll/Weber 2003a]

BACHER, ANDREAS; GROLL, MARCUS; WEBER, JÜRGEN: Balanced Scorecard – Eignung des Ansatzes für das Supply Chain Management. In: Management und Controlling von Einkauf und Logistik. Festschrift für Jürgen Bloech. Bogaschewsky, Ronald; Götze, Uwe [Hrsg.]. Gernsbach: Dt. Betriebswirte, 2003, S. 307-329. [Bacher/Groll/Weber 2003b]

BACKHAUS, KLAUS; ERICHSON, BERND; PLINKE, WULFF; WEIBER, ROLF: Multivariate Analysemethoden. Eine anwendungsorientierte Einführung. 8. Auflage. Berlin [u. a.]: Springer, 1996. (Springer-Lehrbuch)

BAUMGARTEN, HELMUT; SOMMEL, HERBERT; BEYER, INGO: Fit for Collaboration. In: PPS Management 8 (2003), H. 2, S. 9-12.

BECHTEL, CHRISTIAN; JAYARAM, JAYANTH: Supply Chain Management. A Strategic Perspective. In: The International Journal of Logistics Management 8 (1997), H. 1, S. 15-34.

BEDRUP, HARALD: Background for Performance Management. In: Performance management: a business process benchmarking approach. Rolstadås, Asbjørn [Hrsg.]. London [u. a.]: Chapman & Hall, 1995, S. 61-87.

BEDRUP, HARALD: Performance Measurement. In: Performance management: a business process benchmarking approach. Rolstadås, Asbjørn [Hrsg.]. London [u. a.]: Chapman & Hall, 1995, S. 169-190.

BREWER, PETER; SPEH, THOMAS: Adapting the Balanced Scorecard to Supply Chain Management. In: Supply Chain Management Review 5 (2001), H. Mar./Apr., S. 48-56.

BREWER, PETER; SPEH, THOMAS: Using the Balanced Scorecard to Measure Supply Chain Performance. In: Journal of business logistics 21 (2000), H. 1, S. 75-93.

BUCKLER, FRANK: NEUSREL – Neuer Kausalanalyseansatz auf Basis neuronaler Netze als Instrument der Marketingforschung. Göttingen: Cuvillier, 2001.

BURDUROGLU, RENAN; LAMBERT, DOUGLAS: Measuring and Selling the Value of Logistics. In: The International Journal of Logistics Management 11 (2000), H. 1, S. 1-17.

CHRISTOPHER, MARTIN: Logistics and Supply Chain Management. Strategies for Reducing Cost and Improving Service. London: Financial Times Pitman, 1998.

CHRISTOPHER, MARTIN; RYALS, LYNETTE: Supply Chain Strategy: Its Impact on Shareholder Value. In: The International Journal of Logistics Management 10 (1999), H. 1, S. 1-10.

COOPER, MARTHA; LAMBERT, DOUGLAS: Issues in Supply Chain Management. In: Industrial Marketing Management 29 (2000), S. 65-83.

COOPER, MARTHA; LAMBERT, DOUGLAS; PAGH, JANUS: Supply Chain Management. More Than a New Name for Logistics. In: The International Journal of Logistics Management 8 (1997), H. 1, S. 1-34.

COOPER, MARTHA; LAMBERT, DOUGLAS; PAGH, JANUS: Supply Chain Management. Implementation Issues and Research Opportunities. In: The International Journal of Logistics Management 9 (1998), H. 2, S. 1-19.

COPELAND, THOMAS; MURRIN, JACK; KOLLER, TIM: Unternehmenswert. Methoden und Strategien für eine wertorientierte Unternehmensführung. 3. Auflage. Frankfurt/Main [u. a.]: Campus, 2002.

CORSTEN, HANS; GÖSSINGER, RALF: Einführung in das Supply-Chain-Management. München [u. a.]: Oldenbourg, 2001.

CROXTON, KEELY; GARCÍA-DASTUGUE, SEBASTÍAN; LAMBERT, DOUGLAS: The Supply Chain Management Processes. In: The International Journal of Logistics Management 12 (2001), H. 2, S. 13-36.

DALDRUP, HERBERT; LANGE, CHRISTOPH; SCHAEFER, SIGRID: Integriertes Controlling in strategischen Unternehmensnetzwerken. In: Controlling (2001), H. 2, S. 75-83.

DÁVILA, ANTONIO; SIMONS, ROBERT: How High is Your Return on Management? In: Harvard Business Review 76 (1998), H. 1, S. 70-80.

ECCLES, ROBERT: The Performance Measurement Manifesto. In: Harvard Business Review 69 (1991), H. 1, S. 131-137.

ENGELKE, MARKUS; RAUSCH, ANDREAS: Supply Chain Management mit Hilfe von Key Performance Indikatoren. In: Integrative Management- und Logistikkonzepte. Festschrift für Professor Dr. Dr. h. c. Hans-Christian Pfohl zum 60. Geburtstag. Stölzle, Wolfgang; Gareis, Karin [Hrsg.]. Wiesbaden: Gabler, 2002, S. 183-204.

ERDMANN, MARK-KEN: Supply Chain Performance Measurement. Operative und strategische Management- und Controllingansätze. Dissertation. Lohmar; Köln: Josef Eul Verlag, 2003. (Produktionswirtschaft und Industriebetriebslehre. Bd. 11)

FACETT, STANLEY; CLINTON, STEVEN: Enhancing Logistics Performance to Improve the Competitiveness of Manufacturing Organizations. In: Production & Inventory Management Journal 37 (1996), H. 1, S. 40-46.

FRIEDAG, HERWIG; SCHMIDT, WALTER: My Balanced Scorecard. Das Praxishandbuch für Ihre individuelle Lösung: Fallstudien, Checklisten, Präsentationsvorlagen. 2. Auflage. Freiburg i. Br. [u. a.]: Haufe, 2001.

GLADEN, WERNER: Kennzahlen- und Berichtssysteme. Grundlagen zum Performance Measurement. 2. Auflage. Wiesbaden: Gabler, 2003.

GLEICH, RONALD: Performance Measurement. Grundlagen, Konzepte und empirische Erkenntnisse. In: Controlling 14 (2002), H. 8/9, S. 447-454.

GLEICH, RONALD: Performance Measurement. In: Die Betriebswirtschaft 57 (1997), H. 1, S. 114-117.

GOLDHABER, MICHAEL: Die Aufmerksamkeitsökonomie und das Netz – Teil I. Prominenz statt Geld. 27.11.1997. http://www.heise.de/tp/deutsch/special/eco/6195/1.html (25.1.2004)

GOLDHABER, MICHAEL: Die Aufmerksamkeitsökonomie und das Netz – Teil II. Über das knappe Gut der Informationsgesellschaft. 12.12.1997. http://www.heise.de/tp/deutsch/special/eco/6200/1.html (25.1.2004)

GOMEZ, PETER; PROBST, GILBERT: Die Methodik des vernetzten Denkens zur Lösung komplexer Probleme. In: Vernetztes Denken. Ganzheitliches Führen in der Praxis. Gomez, Peter; Probst, Gilbert J. B. [Hrsg.]. Wiesbaden: Gabler, 1991, S. 3-20.

GOMEZ, PETER; PROBST, GILBERT: Die Praxis des ganzheitlichen Problemlösens. Vernetzt denken, unternehmerisch handeln, persönlich überzeugen. Bern [u. a.]: Haupt, 1995.

GÖPFERT, INGRID: Logistik-Controlling der Zukunft. In: Controlling (2001), H. 7, S. 347-355.

GÖPFERT, INGRID: Mangel an Wissen und Vertrauen. In: Logistik Heute (2002), H. 7/8, S. 36-37.

GROßPIETSCH, JOCHEN; THONEMANN, ULRICH: Wertvolle Wertschöpfung. In: Logistik Heute 25 (2003), H. 9, S. 34-35.

GÜNTHER, THOMAS; GRÜNING, MICHAEL: Performance Measurement-Systeme im praktischen Einsatz. In: Controlling 14 (2002), H. 1, S. 5-13.

HAGEN, NILS; SPRINGER, VERENA; STABENAU, HANSPETER: Gestaltungsfeld Prozessmanagement. In: Management integrierter logistischer Netzwerke. Baumgarten, Helmut [u. a.]. Bern [u. a.]: Haupt, 2002.

HANDFIELD, ROBERT; NICHOLS, ERNEST JR.: Introduction to supply chain management. Upper Saddle River, NJ [u. a.]: Prentice-Hall, 1999.

HESS, THOMAS; SCHUMANN, MATTHIAS: Erste Überlegungen zum Controlling in Unternehmensnetzwerken. In: Kooperation im Wettbewerb. Neue Formen und Gestaltungskonzepte im Zeichen von Globalisierung und Informationstechnologie. Engelhard, Johann; Sinz, Elmar J. [Hrsg.]. Wiesbaden: Gabler, 1999, S. 347-370.

HIEBER, RALF: Supply Chain Management. A Collaborative Performance Measurement Approach. Zürich; Singen: vdf, Hochschulverlag an der ETH, 2002.

HIPPE, ALAN: Interdependenzen von Strategie und Controlling in Unternehmensnetzwerken. Wiesbaden: Gabler, 1997.

HOFFMANN, OLAF: Performance Management. Systeme und Implementierungsansätze. Dissertation. Bern [u. a.]: Haupt, 1999.

HORVÁTH, PETER [U. A.]: Neue Instrumente in der deutschen Unternehmenspraxis. Bericht über die Stuttgarter Studie. In: Managementinstrumente und -konzepte. Entstehung, Verbreitung und Bedeutung für die Betriebswirtschaftslehre. Egger, Anton; Grün, Oskar; Moser, Reinhard [Hrsg.]. Stuttgart: Schäffer-Poeschel, 1999, S. 289-328.

HORVÁTH & PARTNER [HRSG.]: Balanced Scorecard umsetzen. 2. Auflage. Stuttgart: Schäffer-Poeschel, 2001.

JOHNSON, THOMAS; KAPLAN, ROBERT: Relevance Lost. The Rise and Fall of Management Accounting. Boston, Massachusetts: Harvard Business School Press, 1987.

KAPLAN, ROBERT; NORTON, DAVID: Die strategiefokussierte Organisation. Führen mit der Balanced Scorecard. Stuttgart: Schäffer-Poeschel, 2001.

KAPLAN, ROBERT; NORTON, DAVID: The Balanced Scorecard – Measures That Drive Performance. In: Harvard Business Review (1992), H. January-February, S. 71-79.

KAPLAN, ROBERT; NORTON, DAVID: Using the Balanced Scorecard as a Strategic Management System. In: Harvard Business Review (1996), H. January-February, S. 75-85. [Kaplan/Norton 1996a]

KAPLAN, ROBERT; NORTON, DAVID: The Balanced Scorecard. Translating Strategy into Action. Boston, Mass.: Harvard Business School Press, 1996.

KAPLAN, ROBERT; NORTON, DAVID: Balanced Scorecard. Strategien erfolgreich umsetzen. Stuttgart: Schäffer-Poeschel, 1997. (Handelsblatt-Reihe)

KAPLAN, ROBERT; NORTON, DAVID: The Balanced Scorecard. Translating Strategy into Action. Boston, Mass.: Harvard Business School Press, 2002.

KERNLER, HELMUT: PPS der 3. Generation. Grundlagen, Methoden, Anregungen. 3. Auflage. Heidelberg: Hüthig, 1995.

KERNLER, HELMUT: PPS-Controlling. Wiesbaden: Gabler, 1996. (Gabler-Studientexte)

KERNLER, HELMUT: Der Wert der Wertschöpfungskette. In: PPS Management 8 (2003), H. 3, S. 38-40.

KILGER, CHRISTOPH; SCHNEEWEISS, LORENZ: Computer Assembly. In: Supply Chain Management and Advanced Planning. Concepts, Models, Software and Case Studies. 2. Auflage. Kilger, Christoph; Stadtler, Hartmut [Hrsg.]. Berlin [u. a.]: Springer, 2002, S. 335-352.

KLINGEBIEL, NORBERT: Integriertes Performance Measurement. Wiesbaden: Dt. Univ.-Verl. [u. a.], 2000.

KLINGEBIEL, NORBERT: Performance Measurement & Balanced Scorecard. München: Vahlen, 2001.

KUMMER, SEBASTIAN: Supply-Chain-Controlling. In: Kostenrechnungspraxis 45 (2001), H. 2, S. 81-87.

LAAKMANN, FRANK; KASRA, NAYABI; HIEBER, RALF: Marktstudie 2002/2003 Supply Chain Management Software. Planungssysteme im Überblick. Stuttgart, 2003. (zu beziehen über www.scm-ctc.de)

LALONDE, BERNARD; POHLEN, TERRANCE: Issues in Supply Chain Costing. In: The International Journal of Logistics Management 7 (1996), H. 1, S. 1-12.

LUCKE, HANS-JOACHIM: Systemtheoretische Grundlagen der Logistik. In: Grundlagen der Logistik. Einführung in Theorie und Praxis logistischer Systeme. Krampe, Horst; Lucke, Hans-Joachim [Hrsg.]. 2. Auflage. München: Huss, 2001, S. 31-53.

LYNCH, RICHARD; CROSS, KELVIN: Measure Up! Yardsticks for Continous Improvement. 2. Auflage. Cambridge, Mass: Blackwell Business, 1995. (zit. nach Klingebiel, Norbert: Integriertes Performance Measurement. Wiesbaden: Dt. Univ.-Verl. [u. a.], 2000. S. 32.)

MACHARZINA, KLAUS: Unternehmensführung. Das internationale Managementwissen: Konzepte – Methoden – Praxis. 3. Auflage. Wiesbaden: Gabler, 1999.

MENTZER, JOHN ET AL.: What Is Supply Chain Management? In: Supply Chain Management. Mentzer, John T. [Hrsg.]. Thousand Oaks, California [u. a.]: Sage Publications, 2001, S. 1-25.

MILLER, GEORGE: The Magic Number Seven, Plus or Minus Two: Some Limits in Our Capacity for Processing Information. In: The Psychological Review 63 (1956), S. 81-97.

NEELY, ANDY D.: Measuring Business Performance. London: Economist, 1998.

NICOLAI, ALEXANDER; KIESER, ALFRED: Trotz eklatanter Erfolglosigkeit: Die Erfolgsfaktorenforschung weiter auf Erfolgskurs. In: Die Betriebswirtschaft 62 (2002), H. 6, S. 579-596.

NIENHAUS, JÖRG [U. A.]: Trends im Supply Chain Management: Ergebnisse einer Studie mit mehr als 200 Unternehmen. ETH Zürich. 2003. http://www.lim.ethz.ch/aktuelles/SCM_Studie.pdf (25.02.2004)

NIVEN, PAUL: Balanced scorecard step by step. maximizing performance and maintaining results. New York: Wiley, 2002.

NYHUIS, PETER; WIENDAHL, HANS-PETER: Logistische Kennlinien. Grundlagen, Werkzeuge und Anwendungen. Berlin [u. a.]: Springer, 1999.

OLIVER, KEITH; WEBBER, MICHAEL: Supply-chain management. Logistics catches up with strategy. Abgedruckt in: Christopher, Marting: Logistics. The Strategic Issue. London: Chapman & Hall, 1992, S. 61-75.

ORTMANN, GÜNTHER; SYDOW, JÖRG: Grenzmanagement in Unternehmungsnetzwerken: Theoretische Zugänge. In: Die Betriebswirtschaft 59 (1999), H. 2, S. 205-220.

OTTO, ANDREAS: Management und Controlling von Supply Chains. Ein Modell auf der Basis der Netzwerktheorie. Wiesbaden: Dt. Univ.-Verl. [u. a.], 2002.

PFOHL, HANS-CHRISTIAN: Supply Chain Management: Konzept, Trends, Strategien. In: Supply Chain Management: Logistik plus? Logistikkette – Marketingkette – Finanzkette. Pfohl, Hans-Christian [Hrsg.]. Berlin: Erich Schmidt, 2000, S. 1-42.

PORTER, MICHAEL: Wettbewerbsstrategie. Methoden zur Analyse von Branchen und Konkurrenten. 10. Auflage. Frankfurt/Main [u. a.]: Campus, 1999.

PORTER, MICHAEL: Wettbewerbsvorteile. Spitzenleistungen erreichen und behaupten. 6. Auflage. Frankfurt/Main [u. a.]: Campus, 2000.

RAUTENSTRAUCH, THOMAS: SCM-Integration in heterarchischen Unternehmensnetzwerken. In: Integriertes Supply Chain Management. Theorie und Praxis effektiver unternehmensübergreifender Geschäftsprozesse. Busch, Axel; Dangelmaier, Wilhelm [Hrsg.]. Wiesbaden: Gabler, 2002, S. 343-361.

SCHNEIDER, MICHAEL; WIENDAHL, HANS-PETER: Entwicklung von logistischen Kennlinien für Fertigungsbereiche. Logistische Prozesskennlinien. In: PPS Management 6 (2001), H. 2, S. 9-12.

SCHRANK, RANDOLF: Neukonzeption des Performance Measurements. Der GOPE-Ansatz. Sternenfels: Wissenschaft & Praxis, 2002.

SEURING, STEFAN: Supply Chain Costing. Kostenreduktionen durch Zusammenarbeit in der Wertschöpfungskette. In: Controlling (2001), H. 12, S. 615-621.

SIMONS, ROBERT: Performance Measurement & Control Systems for Implementing Strategy. Text and Cases. Upper Saddle River [u. a.]: Prentice Hall, 2000.

SPENS, KAREN; BASK, ANU: Developing a Framework for Supply Chain Management. In: The International Journal of Logistics Management 13 (2002), H. 1, S. 73-88.

STADTLER, HARTMUT: Supply Chain Management – An Overview. In: Supply Chain Management and Advanced Planning. Concepts, Models, Software and Case Studies. 2. Auflage. Kilger, Christoph; Stadtler, Hartmut [Hrsg.]. Berlin [u. a.]: Springer, 2002, S. 7-28.

STÖLZLE, WOLFGANG: Industrial Relationships. München; Wien: Oldenburg, 1999.

STÖLZLE, WOLFGANG; HEUSLER, KLAUS; KARRER, MICHAEL: Die Integration der Balanced Scorecard in das Supply Chain Management-Konzept (BSCM). In: Logistik Management 3 (2001), H. 2/3, S. 73-85.

SUPPLY CHAIN COUNCIL: Supply-Chain Operations Reference-model. Version 6.0. Pittsburgh: Supply-Chain Council, 2003.

THALER, KLAUS: Supply Chain Management. Prozessoptimierung in der logistischen Kette. Köln [u. a.]: Fortis [u. a.], 2001. (Reihe Wirtschaft und Recht)

THONEMANN, ULRICH; BEHRENBECK, KLAUS; DIEDERICHS, RAIMUND; GROßPIETSCH, JOCHEN; KÜPPER, JÖRN; LEOPOLDSEDER, MARKUS: Supply Chain Champions. Was sie tun und wie Sie einer werden. Wiesbaden: Gabler [u. a.], 2003.

WALL, FRIEDERIKE: Ursache-Wirkungsbeziehungen als ein zentraler Bestandteil der Balanced Scorecard. Möglichkeiten und Grenzen ihrer Gewinnung. In: Controlling (2001), H. 2, S. 65-73.

WALSH, PAUL: Finding Key Performance Drivers: Some New Tools. In: Total Quality Management (1996), Bd. 7, H. 5, S. 509-520.

WIENDAHL, HANS-PETER: Belastungsorientierte Fertigungssteuerung. Grundlagen, Verfahrensaufbau, Realisierung. München: Hanser, 1987.

WEBER, JÜRGEN: Kennzahlen einmal anders hergeleitet. In: Logistik Heute 16 (1994), H. 6, S. 32-33.

WEBER, JÜRGEN: Logistik- und Supply-Chain-Controlling. 5. Auflage. Stuttgart: Schäffer-Poeschel, 2002.

WEBER, JÜRGEN: Logistik-Controlling. Leistungen – Prozesskosten – Kennzahlen. 4. Auflage. Stuttgart: Schäffer-Poeschel, 1995.

WEBER, JÜRGEN; SCHÄFFER, UTZ: Balanced Scorecard & Controlling. Implementierung, Nutzen für Manager und Controller, Erfahrungen in deutschen Unternehmen. Wiesbaden: Gabler, 1999. (Advanced controlling)

WEBER, JÜRGEN; DEHLER, MARKUS; WERTZ, BORIS: Supply Chain Management und Logistik. In: Wirtschaftswissenschaftliches Studium (2000), H. 5, S. 264-269.

WERNER, HARTMUT: Supply-Chain-Management. Grundlagen, Strategien, Instrumente und Controlling. 2. Auflage. Wiesbaden: Gabler, 2002.

ZÄPFEL, GÜNTHER; PIEKARZ, BARTOSZ: Supply-Chain-Controlling. Interaktive und dynamische Regelung der Material- und Warenflüsse. Wien: Ueberreuter, 1996.

ZIMMERMANN, KLAUS: Supply Chain Balanced Scorecard. Unternehmensübergreifendes Management von Wertschöpfungsketten. Wiesbaden: Dt. Univ.-Verl., 2003.

Abkürzungsverzeichnis

BSC	Balanced Scorecard
DoT	Delivery-on-Time
E2E	End-to-End
KPI	Key Performance Indicators
OEM	Original Equipment Manufacturer
OLD	Order Lead Time
RoA	Return on Assets
ROCE	Return on Capital Employed
RoM	Return on Management
SC	Supply Chain
SCBSC	Supply Chain Balanced Scorecard
SCM	Supply Chain Management
SCOR	Supply Chain Operations Reference Model
ZVEI	Zentralverband der Elektronischen Industrie

Abbildungsverzeichnis

Abbildung 1:	Supply Chain Performance von Best Practice und Durchschnitt	16
Abbildung 2:	Struktur des Buches	18
Abbildung 3:	Einflussbereich von SCM nach Oliver und Webber	20
Abbildung 4:	Integration und Management der Prozesse einer Supply Chain	24
Abbildung 5:	Supply Chain Structure: Die Verknüpfungsarten	25
Abbildung 6:	Die drei Dimensionen der Performance nach Bedrup	27
Abbildung 7:	Das Performance-Management-Modell nach Bedrup	28
Abbildung 8:	Traditionelle Kennzahlen- und Performance-Measurement-Systeme	30
Abbildung 9:	Wirkzusammenhang zwischen Performance Measurement und Erfolg	37
Abbildung 10:	Return on Management	38
Abbildung 11:	Instrumente des Supply-Chain-Controllings von Weber und Kummer	41
Abbildung 12:	Selektive Kennzahlen für Supply Chain Management	42
Abbildung 13:	Performance-Attribute und Kennzahlen der höchsten Ebene	44
Abbildung 14:	BSC übersetzt die Strategie in operationale Maßnahmen	48
Abbildung 15:	Ursache-Wirkungsketten, vom Fachwissen zum ROCE	49
Abbildung 16:	Anforderungen an Performance Measurement für Supply Chains	53
Abbildung 17:	Anforderungen an Supply Chain Balanced Scorecards	54
Abbildung 18:	Verbindung von Supply Chain Management und Balanced Scorecard	61
Abbildung 19:	Netzwerk-BSC	62
Abbildung 20:	Vertikale und horizontale Zielabstimmung	64
Abbildung 21:	In der Analyse zu unterscheidende Partialnetze	65
Abbildung 22:	Implementierung der BSC durch das Top-down-/Bottom-up-Vorgehen	66
Abbildung 23:	Verknüpfung von Balanced Scorecards	67

Abbildung 24:	Die Balanced Scorecard für das Supply-Chain-Controlling	68
Abbildung 25:	Vergleich traditionelle BSC und SCBSC	71
Abbildung 26:	Beurteilung und Handlungsbedarf in Bezug auf die Anforderungen	73
Abbildung 27:	Integrationsmöglichkeiten der Supply Chain Balanced Scorecard	80
Abbildung 28:	Beispielhafte Supply-Chain-Stragiekarte mit Kooperationsperspektive	82
Abbildung 29:	Return on Assets in Supply Chains	84
Abbildung 30:	Berechnung des RoA für eine Supply Chain	85
Abbildung 31:	Kennzahlen der Finanzperspektive	85
Abbildung 32:	Kennzahlen der Kundenperspektive	86
Abbildung 33:	Kennzahlen der Prozessperspektive	88
Abbildung 34:	Kennzahlen der Kooperationsperspektive	90
Abbildung 35:	Kennzahlen der Lern- und Entwicklungsperspektive	92
Abbildung 36:	Ausgewogene Maßgrößen der Supply Chain Balanced Scorecard	93
Abbildung 37:	SCOR-Metriken für die SCBSC	95
Abbildung 38:	Kaskadierung und Zielfindung in der SCBSC	98
Abbildung 39:	Kennzahleneinsatz nach einer Studie der ETH Zürich	99
Abbildung 40:	Strategy Map mit quantifizierten Zusammenhängen	103
Abbildung 41:	Formel zur Berechnung der prognostizierten Beeinflussung	103
Abbildung 42:	Einflussmatrix	104
Abbildung 43:	Vergleich von Ist- und Planwerten der KPIs	104
Abbildung 44:	Logistikkennlinie mit aktuellem und optimalem Betriebspunkt	106
Abbildung 45:	Performance Measurement bei AssembleIT	111
Abbildung 46:	Kennlinienanalyse bei AssembleIT	112
Abbildung 47:	Supply Chain Balanced Scorecard von AssembleIT	114
Abbildung 48:	Supply Chain Strategy Map bei AssembleIT	116
Abbildung 49:	Dokumentation der Wirkbeziehung Prognosekomplexität	116

Der Autor

Jürgen Richert ist Berater bei der j&m Management Consulting AG in Mannheim und dort im Bereich Supply Chain Management tätig. Er berät Firmen in strategischen Fragestellungen und in Veränderungsprojekten. Neben der Supply Chain Balanced Scorecard arbeitet Jürgen Richert bei j&m an der Weiterentwicklung eines Integrationskonzeptes zwischen Lean Management und Supply Chain Management. Er studierte Wirtschaftsinformatik mit dem Schwerpunkt Business Consulting an der Fachhochschule Furtwangen. Während seines Studiums war er Vorstandsmitglied im Institut für Business Consulting e.V., einer studentischen Unternehmensberatung.

Mitarbeiter erfolgreich führen

Feedback-Instrumente

Dies ist das erste Buch, das Feedbackinstrumente und Feedbackprozesse in Unternehmen umfassend behandelt. Das Autorenteam gibt konkrete Gestaltungshinweise und schildert Beispiele aus renommierten Unternehmen (BMW, Continental, Lufthansa, SAP ...).

Ingela Jöns / Walter Bungard (Hrsg.)
Feedbackinstrumente im Unternehmen
Grundlagen, Gestaltungshinweise, Erfahrungsberichte
2005. 552 S.Br.
EUR 49,90
ISBN 3-409-12738-0

Mehr Motivation durch Zielvereinbarungen

Der bewährte kompakte Leitfaden mit vielen Checklisten, Tipps und aktuellen Informationsquellen. Jetzt in der 3. Auflage mit weiteren Beispielen.

Eckhard Eyer /
Thomas Haussmann
Zielvereinbarung und variable Vergütung
Ein praktischer Leitfaden –
nicht nur für Führungskräfte
3., erw. Aufl. 2005. Ca. 180 S. Br.
Ca. EUR 37,90
ISBN 3-409-31682-5

Konkrete Anleitung für die operative Ausgestaltung von Kompetenzmanagement

Kompetenz besteht im Wesentlichen in der Fähigkeit, situationsadäquat zu handeln. Dieses Buch beschreibt, wie Unternehmen die Kompetenzen der Mitarbeiter systematisch identifizieren, nutzen, entwickeln und absichern können. Zahlreiche Beispiele aus namhaften Unternehmen verschiedener Branchen und Größe werden vorgestellt.

Klaus North / Kai Reinhardt
Kompetenzmanagement in der Praxis
Mitarbeiterkompetenzen systematisch identifizieren, nutzen und entwickeln.
Mit vielen Fallbeispielen.
2005. Ca. 220 S. Geb.
Ca. EUR 44,90
ISBN 3-409-14316-5

Änderungen vorbehalten. Stand: Juli 2005.
Erhältlich im Buchhandel oder beim Verlag.

Gabler Verlag · Abraham-Lincoln-Str. 46 · 65189 Wiesbaden · www.gabler.de

GABLER